# Falacias Lógicas

*¿Comete errores al razonar?*

© **Derechos de autor 2019**
Todos los derechos reservados. Este libro no puede ser reproducido de ninguna forma sin el permiso escrito del autor. Críticos pueden mencionar pasajes breves durante las revisiones.
Descargo: Esta publicación no puede ser reproducida ni transmitida de ninguna manera por ningún medio, mecánico o electrónico, incluyendo fotocopiado o grabación, o por cualquier sistema de almacenamiento o recuperación, o compartido por correo electrónico sin el permiso escrito del editor.
Aunque se han realizado todos los intentos por verificar la información proporcionada en esta publicación, ni el autor ni el editor asumen responsabilidades por errores, omisiones o interpretaciones contrarias con respecto al tema tratado aquí.
Este libro es solo para fines de entretenimiento. Las opiniones expresadas son sólo del autor y no deben tomarse como instrucciones de expertos. El lector es responsable de sus propias acciones.
La adherencia a todas las leyes y normativas aplicables, incluidas las leyes internacionales, federales, estatales y locales que rigen las licencias profesionales, las prácticas comerciales, la publicidad y todos los demás aspectos de la actividad comercial en EE. UU., Canadá, Reino Unido o cualquier otra jurisdicción es responsabilidad exclusiva del comprador o lector
Ni el autor ni el editor asumen responsabilidad alguna en nombre del comprador o lector de estos materiales. Cualquier parecido con cualquier individuo u organización es pura coincidencia.

# Tabla de contenido

**INTRODUCCIÓN** ........................................................................................... 1
**CAPÍTULO 1: LÓGICA** ................................................................................ 2
**CAPÍTULO 2: FALACIAS FORMALES** ..................................................... 6
**CAPÍTULO 3: FALACIAS INFORMALES** ............................................... 14
**CAPÍTULO 4** .............................................................................................. 58
    POR QUÉ LAS FALACIAS SON PERSUASIVAS ............................................. 59
    EVITANDO LAS FALACIAS FORMALES ....................................................... 59
        *Afirmando lo Consecuente* ................................................................ 60
        *Afirmando una Disyunción* ............................................................... 61
        *Negando el Antecedente* .................................................................... 64
        *Apelación a la Probabilidad* .............................................................. 65
        *Apelación a la Falacia* ....................................................................... 67
    EVITANDO FALACIAS INFORMALES ........................................................... 68
        *Falacias de Distracción* ..................................................................... 69
        *Falso Dilema* ...................................................................................... 69
        *Pendiente resbaladiza* ....................................................................... 70
        *Hombre de paja* .................................................................................. 71
        *Argumento de Ignorancia* .................................................................. 72

*Ad Nauseum* ............................................................................. 73

*Moviendo los postes* ............................................................... 74

*Si Por Whisky* .......................................................................... 75

*Falacia Nirvana* ...................................................................... 75

*Falacia del Psicólogo* ............................................................. 77

*Determinismo Retrospectivo* ................................................. 77

*Falacias de Semejanza* ........................................................... 78

*Petición de Principio* .............................................................. 78

*Falsa Analogía* ........................................................................ 79

*Evidencia Anecdótica* ............................................................. 81

*Falacias de Emoción* .............................................................. 82

*Apelar al Miedo* ...................................................................... 82

*Apelación a la Autoridad* ....................................................... 84

**CONCLUSIÓN** ............................................................................ **86**

# Introducción

Este libro le mostrará cómo notar y deconstruir falacias lógicas en un debate.

A medida que avance en sus páginas, intente aplicar su conocimiento de estas falacias a sus debates para fortalecerlos. Como resultado, ganará más debates y se convertirá en un mejor orador en general.

¡Esperamos que lo disfrute!

# Capítulo 1: Lógica

Antes de conocer el concepto de falacias, hablemos sobre la lógica. La lógica es un tema complejo para algo que parece ser simple. La lógica, a pesar de su naturaleza ubicua y fundamental, es algo que rara vez nos detenemos a analizar fuera de los contextos de los cursos matemáticos o filosóficos de nivel universitario. Se puede considerar un fracaso del sistema educativo, hasta cierto punto, que la lógica es tan fundamental para vivir una vida minuciosa y bien razonada, pero la lógica en sí misma es una base compleja.

La mayoría de las personas no tienen mucha experiencia con la lógica de una manera sistemática, y siempre se puede saber cuándo la tienen porque son eficaces en su uso. La lógica se reduce a la exploración de la verdad.

Existen algunas definiciones diferentes de la lógica, y para entenderla correctamente, necesitamos entender cada una.

La primera definición de lógica puede entenderse como la búsqueda de la verdad y la codificación de las leyes de la verdad en una forma estándar y de gran alcance. La verdad es un concepto relativamente interesante porque, en última instancia, proviene de la percepción y la comprensión empírica, así como de la racionalización de los fenómenos. La lógica nos brinda las herramientas para codificar y extender verdades para crear otras.

Es aquí donde entra la siguiente definición de lógica: la extensión de la verdad. La lógica puede entenderse como el estudio de los sistemas de inferencia. La inferencia se refiere a la capacidad para deducir una conclusión dada de otra conclusión. La inferencia es de suma importancia para el estudio de la lógica.

La lógica como verdad y una extensión de la verdad la hace aplicable a diferentes ámbitos. Sin embargo, este libro se enfoca explícitamente en las falacias, por lo que vamos a centrarnos en ellas.

¿Qué *es* una falacia lógica?

Una falacia lógica es un concepto en un argumento que hace una inferencia incorrecta o pone una barrera al argumento correcto y coherente. Puede implicar plantear un argumento que *no es un argumento*. Un ejemplo de esto sería en un debate sobre si los perros podrían volar o no. Si la persona que argumentaba que los perros *no podían* volar significaba que la persona que estaba discutiendo que los perros podían volar no tenía un argumento válido porque no había terminado la escuela secundaria, esto sería una falacia lógica. Es una falacia lógica porque es irrelevante para el argumento en cuestión; la persona podría haber terminado la universidad teóricamente y aún argumentar que los perros podían volar. La persona que hace este argumento en contra de la persona que dice que los perros *pueden* volar no está realmente discutiendo si los perros podrían o no volar; su argumento ya no trata sobre el concepto de perros que vuelan, sino sobre la persona en el otro extremo del debate. No es coherente, en un sentido lógico, que el nivel de educación de una persona pueda afectar la validez de su argumento; lo que podría afectar la validez de su argumento es una prueba demostrable de que los perros *no pueden* volar.

Un argumento semánticamente sólido con respecto a la capacidad de los perros para volar giraría en torno a la idea de que los perros vuelan en absoluto; no el nivel de inteligencia de la persona que está argumentando que los perros pueden volar.

La lógica es una herramienta para descubrir la verdad y por qué las cosas están conectadas a través de líneas de inferencia. Estas líneas de inferencia nos permiten hacer determinaciones sobre la verdad y la falsedad, la validez y la invalidez, y mucho más.

La mayoría de los argumentos se componen de dos partes importantes: premisas y conclusiones. Dentro de estas existen otras dos partes fundamentales: declaraciones e implicaciones.

Las declaraciones son pensamientos independientes. Por ejemplo:

"Todos los hombres son mortales".

"Soy un hombre".

Estas son dos afirmaciones. Estas declaraciones forman una base para un argumento, una premisa. A partir de estas premisas, podemos obtener una conclusión importante:

"Por lo tanto, soy mortal".

Las declaraciones a menudo se abstraen con respecto a P y Q, donde se utilizan como declaraciones de marcador de posición en operaciones lógicas. Esto tendrá más sentido al verlo en acción en el siguiente capítulo.

También existen declaraciones complejas. Las declaraciones complejas pueden tomar la forma de conjunciones o disyunciones.

Las conjunciones se componen de dos declaraciones; si ambas afirmaciones son verdaderas, entonces toda la afirmación es verdadera. Si alguna de las declaraciones es falsa, entonces toda la declaración es falsa:

"Soy un hombre, y tú eres un hombre".

Si cualquiera de nosotros es un hombre, entonces la afirmación es cierta.

Las disyunciones también se componen de dos declaraciones; si cualquiera de las dos afirmaciones es verdadera, entonces toda la afirmación es verdadera. Si ambas afirmaciones son falsas, toda la afirmación es falsa. Si ambas afirmaciones son verdaderas, entonces toda la afirmación es verdadera.

"Soy un hombre, o tú eres un hombre".

Si cualquiera de nosotros es un hombre, entonces la afirmación es cierta. Si ninguno de nosotros es un hombre, entonces toda la declaración es falsa. Si los dos somos hombres, entonces eso significa, por extensión, que ambos somos hombres individualmente, por lo que es verdadero.

Este libro se enfoca en enseñar falacias lógicas desde el principio para que pueda desarrollar una comprensión sólida de los temas que se abordan.

Comprender qué son las falacias lógicas y cómo eliminarlas es de suma importancia en lo que respecta a los argumentos completos y sólidos que hacen que las personas se pongan de su parte.

Los siguientes capítulos le mostrarán todo lo que necesita para notar y deconstruir las falacias lógicas cuando se usan en su contra, e incluso podrían estar presentes en sus pensamientos.

# Capítulo 2: Falacias Formales

El presente capítulo habla sobre las falacias formales. Las falacias formales se relacionan con la forma del argumento en lugar del contenido. A menudo, son más fáciles de identificar que las falacias informales, ya que tratan con la estructura del argumento, que es algo que se puede identificar con solo escuchar el argumento en lugar de conocer cada detalle sobre el tema que se está discutiendo.

El hecho de que el problema se encuentre en la forma del argumento en realidad nos dice mucho sobre cómo el argumento puede estar equivocado. Estos tipos específicos de argumentos a menudo se denominan no-secuitors. Son esencialmente argumentos que no tienen sentido lógico. Es decir, el método de inferencia utilizado a lo largo del argumento no es suficiente para hacer un argumento lógicamente sólido y el razonamiento utilizado es profundamente erróneo.

**Afirmando el Consecuente**

Es otro error proposicional, y se basa en la idea de asumir que dado que una conclusión de una declaración condicional es verdadera, la condición debe ser necesariamente cierta. Sin embargo, esto no es correcto en sí mismo.

Echemos un vistazo. Esencialmente, la estructura de este argumento sería como: P implica que Q. Q es verdadero; por lo tanto, P debe ser verdadero. Recuerde, que las declaraciones de implicación casi siempre toman la forma de declaraciones condicionales, es decir, declaraciones que comienzan con si y tienen algo más, implícito o explícito.

Veamos el siguiente ejemplo:

Si sufro un accidente automovilístico, tendré que llevar el auto al mecánico.

Necesito llevar mi auto al mecánico.

Por lo tanto, estuve en un accidente automovilístico.

Puede observar cómo este argumento no es válido si se desglosa lógicamente. Sin embargo, solo porque tenga que llevar su automóvil a un mecánico no significa que haya tenido un accidente automovilístico. Existen varias razones diferentes por las que puede necesitar llevar su automóvil a un mecánico. Es posible que requiera un cambio de aceite, un mantenimiento general o cualquier otra cosa que no implique necesariamente que se produjera en un accidente automovilístico.

Este tipo de ejemplo muestra cuán ilógica es esta forma de argumento. Desafortunadamente, tiende a no presentarse tan descaradamente; esta es una de las formas más comunes en que las personas realizan gimnasia mental. Tiende a ser fácilmente involucrado en otras formas de desinformación y presentado como un argumento sólido, a pesar de no serlo. También es posible que reconozca que esta falacia en particular está un poco alineada con la idea de que la correlación no es necesariamente igual a la causación.

**Afirmando un Disyuntivo**

En este punto, comenzaremos a observar las cosas que presentan una falacia proposicional. Estas son falacias lógicas que giran en torno a una declaración dada que tiene dos partes distintas: dos eventos o declaraciones diferentes en torno a las cuales se forma la declaración. El primero de ellos es la noción de *afirmar un disyuntivo*.

Afirmar un disyuntivo es un concepto relativamente simple. Una disyunción, como se mencionó en el primer capítulo, es una declaración lógica que involucra dos eventos lógicos diferentes. Es un problema si involucra la declaración o si necesita que solo una de las declaraciones deba ser verdadera.

Digamos que tenemos dos eventos en una declaración compuesta como:

Una jirafa está en el zoológico, o una jirafa está en la naturaleza.

Una jirafa está en el zoológico.

Por lo tanto, no hay una jirafa en la naturaleza.

Cuando se lee de esta manera, se puede observar claramente cómo no funciona de manera lógica: dadas las dos afirmaciones P y Q, el disyuntivo asume que solo una de ellas debe ser cierta; sin embargo, la afirmación del disyuntivo supone que, dado que P es verdad, Q necesariamente no debe ser verdad. Y este no es el caso en absoluto. Existe una jirafa en la naturaleza y una jirafa en un zoológico. Existen una gran cantidad de jirafas; y no se encuentran ubicadas únicamente en un área determinada.

La inferencia específica no es correcta porque se basa en el hecho de que, en una disyunción, tanto P como Q pueden ser verdaderas; la verdad de uno no invalida al otro de ninguna manera o forma.

Esto es particularmente común, pero puede ser un poco más complicado de identificar en el "salvaje". Mantenga los ojos bien abiertos e intente descifrar la estructura del argumento para detectar este tipo de cosas cuando suceden.

Tenga en cuenta que, en el caso de un exclusivo, este argumento no es correcto, evidentemente. Sin embargo, un caso, como el de arriba, no es exclusivo. El contexto generalmente crea "o" exclusivos, y se presentan como un ultimátum. Tenga precaución con su existencia.

## Apelación a la Probabilidad

El primer concepto importante de falacia lógica que vamos a conocer es la apelación a la probabilidad. Este es un concepto relativamente simple, pero es un error que muchas personas cometen. Es especialmente común en individuos con ansiedad y depresión en su circuito de retroalimentación interna.

La apelación a la probabilidad es una afirmación que asume que algo sucederá sin dudarlo basándose en simplemente la única posibilidad de que *pueda* suceder. Esta es una de las falacias más básicas para entender.

Un buen ejemplo de la apelación a la probabilidad sería decir: "Si no bloqueo mi automóvil, entonces alguien entrará en él". El simple hecho es que no bloquear su automóvil, el evento A, no significa necesariamente que alguien irrumpirá en él: el evento B. El evento A no necesariamente indica que el evento B debe ocurrir.

Le sorprendería (o quizás no) la frecuencia con la que se produce esta falacia. Si bien no ocurre de manera frecuente en los argumentos per se, ser capaz de identificarlo y darse cuenta de cuándo sucede, puede mantenerlo en su sano juicio o ayudarle a mantener a otros cuerdos. Recuerde, solo porque una situación permita que ocurra algo más no significa que sucederá.

## Apelación a la Falacia

Es necesario conocer esta falacia formal en particular porque es importante. Algo para recordar a medida que aprende más sobre las falacias lógicas y todos estos errores argumentativos comunes, es que las personas a menudo los hacen en sus argumentos, dejando grandes vacíos en su lógica.

El hecho de que alguien use una falacia lógica no invalida su conclusión. El hecho de que la forma o sustancia de su argumento sea falaz no significa necesariamente que la conclusión del argumento sea incorrecta. De hecho, podría ser totalmente correcto y el enfoque específico adoptado por la persona puede estar equivocado. La falacia no indica que la conclusión de una persona sea incorrecta, y una forma incorrecta no significa que el argumento sea incorrecto. Realizar esta suposición es inherentemente sin fundamento y propenso a ser falaz por derecho propio.

Un ejemplo de lo anterior es lo siguiente:

Si usted trató de argumentar: "Los cerdos son más grandes que las vacas", y alguien contrarrestó: "Eso no es cierto porque eres un tonto", no puede simplemente demostrar que está equivocado al decir que su argumento es erróneo. Si dijera que estaba equivocado porque su argumento contiene una falacia lógica, entonces esa es una falacia en sí misma: la falacia. No puede simplemente decir que alguien ha cometido una falacia y la tiene como un benefactor para su lado particular. En el ejemplo anterior, su conclusión fue adecuada: usted está equivocado. Los cerdos no son más grandes que las vacas. A pesar de que la forma de su argumento y su premisa era incorrecta, no se puede decir lógicamente que su conclusión sea incorrecta, solo que su forma de argumento es incorrecta.

**Falacia de la Conjunción**

La falacia de la conjunción es muy interesante, pero es un poco compleja, por lo que debe esforzarse por entenderla. La falacia de la conjunción se basa en probabilidades y eventos, como lo son muchas cosas en la lógica.

Digamos que existe una persona imaginaria llamada Taylor. Taylor es increíblemente inteligente, tiene veintiséis años y acaba de graduarse de un programa de doctorado en filosofía. Desde que era niña, Taylor ha estado obsesionada con el arte. Ella aprovecha cada oportunidad y ha visitado diversos museos de arte famosos.

Teniendo todo esto en cuenta, observe las siguientes dos probabilidades y determine cuál es la más probable:

1) Taylor conduce un Nissan.

2) Taylor conduce un Nissan y posee un caballete.

Podría asumir rápidamente que el segundo es más probable porque es más específico, y porque se utiliza un caballete para pintar. Si Taylor está obsesionada con el arte, es muy probable que posea un caballete. ¿Cierto?

Bueno, en realidad, esto es incorrecto. Aquí el por qué:

Dividamos la afirmación de que Taylor maneja un Nissan y posee un caballete en dos eventos distintos: evento A y evento B. Analicemos la probabilidad del evento A y el evento B como una función de cualquiera de P. Por ejemplo, la probabilidad del evento A Se expresaría como tal:

P(A)

Una conjunción lógica - e - indica que ambos eventos deben ser verdaderos para que la declaración en sí sea verdadera. Por lo tanto, para que toda la declaración sea verdadera, tanto el evento A como el evento B deben ser verdaderos.

Aunque es probable que el evento B sea cierto, ya que ambas declaraciones involucran el evento A, debemos pensar en la comparación en términos del evento A. Observe las declaraciones así:

¿Cuál es correcta?

1) P (A)

2) P (A) ^ P (B)

La declaración dos requiere que Taylor no solo posea un Nissan, sino que también pinte. Aunque es increíblemente probable que ella pinte, no estamos considerando la probabilidad de que pinte, sino que buscamos la probabilidad de que ella sea la dueña de un Nissan. Por lo tanto, estamos considerando poblaciones comparativas.

Del total de personas que conducen automóviles, supongamos que la cantidad de personas que conducen un Nissan puede expresarse como un porcentaje x. Sin embargo, esto incluye todo tipo de conductores de Nissan, y primero estamos prediciendo que Taylor es un miembro de esta comunidad haciendo que este evento aparezca en ambas afirmaciones e intentando determinar cuál es más probable.

Entonces, digamos que la cantidad de personas que conducen un Nissan se puede pensar en términos de las diferentes personas que lo componen; esto se puede entender tanto como personas que poseen y las que no poseen un caballete. Cuando lo vemos desde esta perspectiva, queda claro por qué existe una distinción; el porcentaje de personas que poseen tanto un Nissan como un caballete es naturalmente más reducido que el porcentaje de personas que poseen un Nissan, o, en el mejor de los casos, solo puede ser equivalente al 100%; lo que significa que bajo ninguna circunstancia la segunda declaración será más probable que la primera, independientemente de quién sea Taylor como persona o cuáles sean sus intereses.

Esto es, en pocas palabras, la idea de la falacia de la conjunción. Es la presunción de que debido a que se puede considerar que alguien o algo posee ciertas propiedades, que cualquiera de esas propiedades utilizadas en una declaración conjuntiva necesariamente hará que la declaración sea más probable que el evento conjuntivo sin el evento relacionado con la propiedad.

**Negando el Antecedente**

Este error también es común. Es la última falacia proposicional principal que vamos a conocer y, en muchos sentidos, sigue la misma línea que las otras. Emplea una declaración P y Q o un evento contenido dentro de una declaración compuesta.

Negar el antecedente significa que usted asume que, si P implica Q, entonces lo opuesto a P debe implicar necesariamente lo opuesto a Q. Sin embargo, este no es el caso.

Digamos que alguien asume: "Si tiene cabello castaño, entonces tiene cabeza". Esto parece obvio, ¿no? Por supuesto, si tiene cabello castaño, entonces debe tener una cabeza sobre la cual pueda crecer ese cabello castaño. No puede tener cabello castaño sin cabeza, por lo que tener cabello castaño indica que tiene cabeza.

Negar el antecedente sería asumir que si alguien no tuviera cabello castaño (opuesto a P), entonces esa persona no tendría cabeza (opuesto a Q). Alguien puede tener cabeza y cabello rojo, rubio, negro o no tener cabello, además de cualquier combinación de colores de tinte diferentes. El cabello castaño no necesariamente excluye tener una cabeza en general; solo si alguien tiene cabello castaño, debe tener cabeza.

Por lo tanto, aunque P implique mucho Q, lo contrario de P no implica lo contrario de Q. Esta es una de las reglas más importantes de implicaciones lógicas; tiene que entender que solo porque implica algo más, no es necesariamente el caso de que tenga que implicarse mutuamente en su negación.

Hemos analizado las principales falacias formales. Ahora exploremos el concepto de falacias *informales*.

# Capítulo 3: Falacias Informales

Si bien las falacias formales son un poco más fáciles de identificar, ya que solo requieren la observación de la forma del argumento, las falacias informales se basan en el contenido del argumento. Pueden ser un poco más difíciles de identificar, aunque también pueden estar más encubiertas. Debido a esto, es importante prestar atención a ello y notar cuando aparecen:

**Argumento de Ignorancia**

El argumento de la ignorancia se basa en la idea de probar algo por virtud del hecho de que no existe suficiente evidencia contraria. Esto va de la mano con algunos de los contenidos discutidos anteriormente, como el argumento de lo divino. Al igual que ese argumento, sin embargo, este argumento es increíblemente falaz.

Existen una serie de cosas que simplemente no podemos intentar en este momento por una razón u otra, ya sea por falta de avances científicos necesarios para probar tales cosas o porque los conceptos son metafísicos en general. Sin embargo, tenga en cuenta que la falta de capacidad para intentar algo no prueba necesariamente que sea todo lo contrario.

Digamos, por ejemplo, que su mejor amigo le llama para decir que pensó que el núcleo de la Tierra estaba lleno de bolas inflables. Bueno, técnicamente, no puede probar que esté equivocado, porque nunca hemos estado en el centro de la Tierra. Hace demasiado calor, y la roca es demasiado densa; simplemente no tenemos la tecnología necesaria para hacer tal cosa.

Sin embargo, solo porque no tengamos la tecnología para probar que el núcleo de la Tierra no está lleno de bolas inflables, no significa necesariamente que el núcleo de la Tierra esté lleno de bolas inflables. El hecho de que no podamos probar que no es cierto no significa que sea cierto de forma predeterminada. Simplemente significa que no se ha probado de ninguna manera, pero uno no puede usar eso solo como la base para afirmar algo como tal.

Sin embargo, existen cosas que pueden contrarrestar un argumento tan increíblemente extraño, como la radiación térmica del núcleo de la Tierra que indica que debería haber algún tipo de sustancias sobrecalentadas en el núcleo, y nuestro conocimiento de la gravedad y la física indican que esté sobrecalentado, la sustancia es muy probablemente una cosa dada.

Sin embargo, esto no es tan sencillo cuando los argumentos son más complejos que algo tan extraño como el núcleo de una Tierra lleno de bolas inflables. Por esta razón, tendrá que analizar cuidadosamente los argumentos para determinar cuándo surge este tipo de falacia.

**Argumento de Moderación**

Esta es una de las falacias informales más comunes. Parece imbuido en nuestra sociedad siempre buscar un compromiso entre dos posiciones opuestas, pero este no es siempre el mejor camino a seguir. Después de todo, a veces las cosas son completamente incorrectas. El argumento a la moderación es la idea esencial de que solo porque existen dos ideas, una no siempre necesita ver el compromiso como la mejor opción entre las dos.

A continuación un ejemplo sencillo:

Dos personas discuten. Una persona dice que el cielo es azul. La otra dice que el cielo es amarillo. Claramente, el cielo no es amarillo.

Una persona obviamente tiene razón, y una persona está equivocada. Sin embargo, si tuvieran que comprometerse con sus posiciones, la persona que tenía razón tendría que reconocer que el cielo es verde, ya que el punto medio entre el azul y el amarillo es el verde. Este no es el caso, evidentemente. Este compromiso en última instancia llevaría a que ambas partes fueran incorrectas en lugar del azul y se convencieran que es amarillo para después afirmar que el cielo es realmente azul después de todo.

Un ejemplo histórico se puede encontrar en la propaganda. Aunque la política no tiene un lugar formal en este libro, ya que la Unión Soviética se ha derrumbado, una referencia a de ello no es política en sí misma. Muchos filósofos postsoviéticos han notado que había una gran cantidad de propaganda en la Unión Soviética, especialmente en la era de Stalin, que específicamente tergiversó las cosas. Esto, por supuesto, no podría haber sido cierto. La apelación a la moderación implicaría que, para encontrar la verdad, uno necesariamente debe buscar en algún lugar entre la propaganda soviética y la verdad, ya que el punto medio entre los dos sería indiscutiblemente falso. El punto medio entre una verdad y una mentira sigue siendo una mentira.

**Argumentum Ad Nauseam**

El término *argumentum ad nauseam* se refiere a un argumento que se presenta sin cesar, de modo que el tema finalmente comienza a dejar de ser discutido. Se puede ganar un argumento a través de la prueba por aserción, presionando continuamente un hecho hacia adelante hasta que toda oposición a ese hecho, incluso si es evidentemente falsa, haya dejado de argumentar en contra del punto en cuestión.

Algunas personas han ganado discusiones sobre el concepto de que la Tierra es plana en un contexto moderno al continuar presionando los mismos puntos de conversación mientras se niegan a aceptar evidencia de lo contrario. Las personas que no creen en una Tierra plana y aceptan el consenso científico de que la Tierra es redonda tienden a abandonar el argumento después de un tiempo, cansándose de discutir con alguien que rechaza el consenso científico.

**Apelar a la Incredulidad**

Otro concepto relacionado con la apelación a la divinidad es la apelación a la incredulidad. Esto se construye sobre bases similares a la apelación a la divinidad. Sin embargo, la apelación a la incredulidad no hace grandes afirmaciones metafísicas y se basa más bien en la idea de que algo debe ser verdad porque alguien no puede creer que no puede ser verdad, o viceversa, que algo debe ser falso porque alguien no puede creer que podría ser verdad.

Lo anterior no necesita mayor explicación. Tiende a aparecer en personas que sufren trastornos de ansiedad y depresión. El hecho de que algo pueda ser verdad no significa que tenga que serlo, y de la misma manera, el hecho de que no pueda creer que algo no es verdad no significa que sea verdad.

También aparece frecuentemente en la etapa de negación del dolor. Un buen ejemplo de esto es alguien que dice: "No puedo creer que tenga cáncer. Por lo tanto, no es verdad". La incapacidad de alguien para creer que algo podría ser verdad hace que sea imposible para ellos aceptar que lo es.

Sin embargo, esto muestra a la falacia en un ámbito interesante que no se observa del todo; tenga la seguridad de que es bastante frustrante argumentar contra esta falacia porque es infalsificable. Alguien que piensa así ha bloqueado específicamente el proceso de pensamiento lógico necesario para que se dé cuenta por qué algo no puede ser cierto, y no hay forma de refutar lo que alguien cree o no cree si no desea dejar de hacerlo. Esto hace que sea una posición un tanto difícil para el orador porque no poseen un punto estable para pasar de su discusión.

**Falacia Divina**

Nuevamente, los temas actuales, como la política o la religión, no tienen un lugar formal en este libro, así que tenga en cuenta que la falacia divina es solo el nombre de esta falacia en particular. No se aplica exclusivamente a la religión, pero se aplica a cualquier tipo de razón metafísica o sobrenatural, como fantasmas o extraterrestres.

Hablemos de Stonehenge. Nadie sabe realmente cómo llegó allí. Las piedras son de gran tamaño, y no está claro cómo una civilización antigua hubiera tenido las herramientas o los medios para colocarlas. Tampoco está claro cuál fue el propósito de Stonehenge para esta sociedad, aunque existen algunos supuestos, como un enorme reloj de sol o algún tipo de estructura religiosa.

Una falacia divina sería argumentar: "No es imaginable que los humanos primitivos hayan podido instalar Stonehenge y colocar las rocas en su posición final, por lo que voy a suponer que los extraterrestres lo crearon". De hecho, muchos teóricos de la conspiración suponen que los extraterrestres establecieron Stonehenge y tuvieron un papel significante en la creación de Stonehenge.

Sin embargo, esto es una falacia por una razón clara, solo porque el evento $P$ parece poco probable que no sirva como prueba para el evento $Q$. Todavía no existe nada que pruebe que los extraterrestres crearon Stonehenge, independientemente de lo poco probable que parezca que los humanos lo hicieron.

Stonehenge es solo un ejemplo; existen una serie de situaciones distintas que históricamente han caído en conocimiento de la falacia divina. Esto ha conducido a fenómenos conocidos como *Dios de las brechas*, que esencialmente se refieren al hecho de que cuando existe un vacío en la comprensión humana que aún no se ha explicado, estas brechas normalmente se llenan con algún tipo de explicación teológica o sobrenatural. Si llega un momento en el que realmente llenamos el vacío con respecto a la comprensión humana, comenzamos a reemplazar lentamente la comprensión teológica con la comprensión empírica.

**Falacia Etimológica**

Esta falacia es interesante y es muy frecuente. La falacia se basa en la idea de que una palabra de uso común necesariamente necesita compartir la definición de su significado original. Esto representa un poco de una falacia cuestionable en sí misma, pero puede observalo muy a menudo.

Cualquiera que conozca acerca de lingüística o incluso de sociología sabe que las lenguas cambian con el tiempo; las palabras evolucionan y adoptan diferentes formas a medida que pasa el tiempo y, a menudo, pueden llegar a significar algo muy diferente de lo que originalmente significaron. Sucede especialmente cuando las palabras se extienden a nuevas poblaciones o a través de generaciones. Esto se usa comúnmente en los debates sobre el purismo lingüístico, así como en los debates políticos como un medio para atacar ideas opuestas debido a sus connotaciones históricas o actuales.

Un gran ejemplo de palabras que cambian con el tiempo es la palabra *horrible*. Érase una vez, la palabra *horrible* significaba algo como "merecedor de admiración"; en otras palabras, era prácticamente lo contrario de lo que significa ahora, que es algo que no merece respeto.

Una falacia etimológica podría afirmar que el uso moderno de la palabra *horrible* en su significado original o histórico de "merecer admiración" es aceptable, a pesar de que vernáculamente y en la nomenclatura popular su significado es ahora directamente opuesto.

**Falacia de la Composición**

La falacia de la composición es interesante y común a la vez. Tiene un opuesto llamado la *falacia de la división* (que veremos en breve). Pero primero, hablemos de la falacia de la composición.

La falacia de la composición es sencilla de entender. Esencialmente, esta falacia es la suposición de que, si algo es cierto para una parte específica de un todo dado, lo mismo seguirá siendo cierto para el todo. Esto, sin embargo, es evidentemente falso.

Digamos que existe una población de 100 personas, y una persona es seleccionada. Su nombre es John, y él es alto. Si tuviéramos que decir que debido a que John es alto, todos los miembros de la población de los que elegimos a John también son altos, esto sería una falacia de la composición, porque, dado el hecho de que John es alto, se supone que todos los demás son también altos.

**Falacia de la división**

La falacia de la división es lo opuesto a la falacia de la composición. Se basa en la negación de la falacia de la composición, de modo que, si uno identifica un rasgo único como común para el conjunto, debe ser necesariamente cierto para el individuo. Esto es evidentemente falso porque, si bien la mayoría de las partes de un conjunto pueden mostrar ciertas propiedades y, por lo tanto, dar a la totalidad de esta propiedad en un sentido nominal y promedio, esta propiedad no necesariamente tiene que aplicarse a ningún miembro del conjunto elegido arbitrariamente.

Tomemos la siguiente declaración:

Los programadores de computadoras tienen buenos ingresos.

Por sí solo, esto es generalmente una afirmación verdadera y, en un sentido relativo, sigue siendo cierto cuando se compara con otras profesiones. Sin embargo, si tuviéramos que afirmar lo siguiente:

Bradley es un programador de computadoras.

Por lo tanto, Bradley tiene buenos ingresos.

Eso sería una falacia. Por ejemplo, Bradley podría ser un programador de computadoras para una organización sin fines de lucro o una organización de voluntarios; él podría ser un programador que heredó una gran cantidad de riqueza y por lo tanto dedica su experiencia a empresas que no obtienen necesariamente ganancias. En cualquiera de los casos anteriores, no necesariamente ganaría "buen dinero", por lo que no podemos asumir que solo porque Bradley es un programador de computadoras, Bradley gane buen dinero. La lógica no se sigue del todo, y es importante darse cuenta de ello. Notará que esto es relativamente similar a la falacia ecológica, pero la falacia ecológica es más una falacia estadística, mientras que esta es una falacia lógica general.

**Atribución falsa**

La falsa atribución es similar a una falacia general. Sin embargo, se refiere a la idea de respaldar su argumento con algún tipo de fuente que no corrobore realmente lo que está argumentando. Las personas que hacen videos en YouTube hablando de política son bastante malas al respecto. Muchas veces, mostrarán una fuente en el video y citarán o tergiversarán el video para intentar hacer que parezca que la fuente está diciendo algo que no es. Sin embargo, una revisión de las fuentes citadas junto con una mente escéptica es generalmente lo suficientemente buena como para superar este tipo de cosas.

Un mito común que ha estado dando vueltas, por ejemplo, es que la soya aumenta el nivel de estrógeno en los hombres y reduce sus niveles de testosterona. Sin embargo, existe poca evidencia científica para corroborarlo, y uno de los únicos estudios que lo corroboran son las cantidades masivas de alimentos que se le da a una fuente no humana (ovejas). Muchas de las pruebas y estudios realizados con seres humanos en realidad muestran lo contrario: que los fitoestrógenos presentes en la soya tienen muy poco impacto en el nivel de testosterona de alguien o que en realidad podrían aumentarla debido a la mayor captación de estrógenos en el cerebro por los fitoestrógenos no biodisponibles que causan los receptores que absorben una menor cantidad del estrógeno que naturalmente producimos.

Sin embargo, muchas personas intentan pasar por alto el mito de la soya por una razón u otra y tergiversarán los estudios sobre el tema y los titulares relacionados con él.

Siempre sea escéptico acerca de las fuentes y verifíquelas cuando estén disponibles, ya que a veces encontrará personas que intentan cambiar las fuentes para sus propios intereses.

**Falso Dilema**

Un falso dilema es una falacia que se basa en la presentación de un ultimátum donde no necesariamente tiene que haber uno. A menudo, el falso dilema se presenta como una situación en la que se presenta otra, y se desacredita una solución al proponer algún tipo de consecuencia a la solución.

Digamos que una pareja les comenta a sus padres que no desean tener hijos. Después el padre responde a su hijo: "¿Entonces odias a los niños?"

La afirmación de que alguien odia a los niños porque no quieran tenerlos es un falso dilema porque alguien podría llevarse perfectamente bien con los niños y simplemente no querer tenerlos. El falso dilema presenta una situación que no existe en realidad, pero está destinada a apelar ante todo a la ética.

**Falacia del historiador**

La falacia del historiador es una falacia común en la que alguien asume que las personas en el pasado tenían la misma perspectiva que nosotros actualmente. Esto no solo queda relegado a la historia. De hecho, se usa más comúnmente como una forma de culpar a las personas por algo sobre lo que no podrían haber tenido control o involucra algo que no podrían haber tenido en cuenta en ese momento.

Supongamos que usted compró 600 acciones de cierta compañía. Unas semanas más tarde, esa compañía se involucra en un desastre de Enron, y las consecuencias son enormes. Usted pierde todo el dinero que invirtió. Después, sus amigos, que solían acudir a usted para pedirle asesoramiento financiero, se niegan a volver a acudir a usted porque realizó una mala inversión, aunque no había forma de saber que la corporación era corrupta y que tal cosa sucedería.

Sus amigos estarían cometiendo una falacia de historiador porque le culparían por no tener información que no tenía en ese momento, mientras que con la información que tenía en ese momento, podría haber sido la mejor decisión disponible para usted.

**Si-Por-Whisky**

Esta es una falacia que permite que alguien no responda a algo potencialmente provocativo. Es una falacia por propósito y pretende ser una falacia, pero es una poderosa herramienta retórica.

Un ejemplo involucra el origen. El nombre de esta falacia proviene de un discurso dado por un legislador de Mississippi que fue presionado para responder si Mississippi debería prohibir el alcohol o legalizarlo, a lo cual respondió (parafraseando):

"Si por whisky, se refiere a la cerveza del diablo, estoy en contra. Si por whisky se refiere al alma de la conversación, estoy a favor. Esta es mi posición; no me comprometeré".

Puede ver cómo logró evitar dar una posición real apelando a la opinión de la persona que escucha el discurso en primer lugar. Esta es una poderosa herramienta argumentativa, pero desafortunadamente, no es lógicamente acertada porque, en primer lugar, no presenta un argumento.

**Falacia Moralista**

La falacia moralista es un concepto relativamente simple pero difícil de comprender. Sin embargo, el argumento base de la falacia moralista es que, dada una norma moral, podemos derivar alguna conclusión natural. Básicamente, la idea detrás de alguien que es culpable de la falacia moralista es que la moralidad define el mundo natural o quizás que el mundo natural define la moralidad; de cualquier manera, existe un vínculo inextricable entre la moralidad y la forma en que las cosas son en un sentido natural. Esto es claramente falaz de una manera u otra, ya que la moral depende en gran medida de la sociedad; por ejemplo, mientras que la poligamia es común en algunas áreas del mundo, en otras, es moralmente impensable. Esto no lo hace incorrecto o correcto; simplemente prueba que ciertas cosas dentro del barómetro moral son construidas por la sociedad en lugar de existir naturalmente o por sí mismas.

El siguiente es un ejemplo de una falacia moralista:

Engañar a nuestra pareja es moralmente malo.

Por lo tanto, no está en nuestra naturaleza tener muchos compañeros sexuales diferentes.

Engañar a nuestra pareja es moralmente incorrecto, al menos en el contexto de la sociedad en que vive cada persona. Sin embargo, no se puede suponer que una máxima moral dicta nuestra naturaleza como seres humanos o cualquier otra cosa natural sobre el mundo. La moralidad no define la naturaleza y con frecuencia se desarrolla con el tiempo.

**Moviendo las porterías**

Mover las porterías es una falacia lógica común. Lo que sucede cuando alguien mueve las porterías es que primero proporcionarán algún tipo de argumento y exigirán evidencia o algún argumento suficiente para oponerse a su punto. Sin embargo, tan pronto como se haya alcanzado este punto, se cambiará el argumento y se desechará la evidencia que se proporcionó porque no cumple con los estándares recién definidos, que a menudo son más rigurosos.

Un ejemplo es si alguien argumenta: "Todas las camisetas que se vendieron el año pasado eran rojas", y usted respondió: "No, no lo eran", luego encontró un estudio o datos que mostraban que las camisas que no eran del color rojo se vendieron y luego se presentaron. La persona que hizo el argumento inicial estaría moviendo los postes si respondiera: "Me refería a las camisas que se venden exclusivamente en la tienda x". Estarían moviendo los postes porque su argumento original no lo especificaba.

Esta es una posición común evocada desde el inicio en un argumento, y se debe prestar atención. Sin embargo, es una de las falacias lógicas más comunes. Es difícil regresar cuando alguien sigue moviendo los postes, independientemente de la cantidad de evidencia que encuentre. Su mejor curso de acción es invocarlos para que muevan los postes y presenten la razón por la que es injusto y más evidencia para refutar su punto. Si continúan moviendo los postes, entonces no tiene razón para permanecer en la discusión y debe dejarlo pasar.

**Falacia Nirvana**

Esta falacia es demasiado común porque las personas tienden a encontrar un dispositivo retórico fácil de usar para desacreditar las cosas que no les gustan. Sin embargo, existe una simple refutación a ello.

La falacia de Nirvana ocurre cuando alguien argumenta que algo no es una buena solución porque no es la solución perfecta o ideal. Esto podría impedir la mejora de una situación dada si la persona que usa la falacia de Nirvana engañó a suficientes personas.

La falacia de Nirvana asume falsamente que existe una solución perfecta e ideal que actualmente es tan asequible como la solución propuesta, incluso aunque la solución perfecta e ideal no exista realmente. En esta capacidad, la falacia de Nirvana se remonta hasta cierto punto a la cita de Voltaire: "Lo perfecto es el enemigo de lo bueno", que dice que la idolatría de la solución perfecta a menudo puede impedir la habilidad para hacer un cambio real y racional rápida y eficientemente.

Un ejemplo es el uso de puntos de control aleatorios en las carreteras para frenar a los conductores ebrios. Un argumento en contra de esto podría ser que dicha solución no detendrá a los conductores ebrios y la gente continuará conduciendo ebria de cualquier manera. Sin embargo, la cuestión es que la prevención general del manejo en estado de ebriedad no es necesariamente el objetivo de la solución; el objetivo es la reducción, y que los puntos de control aleatorios cerca de las áreas con un alto consumo de alcohol durante los períodos de mucho tráfico reducirán la cantidad de conductores ebrios de una forma u otra. Esto lo convierte en una buena solución en lugar de una solución perfecta que reduce la conducción bajo la influencia del alcohol.

**Prueba por Aserción**

Esta falacia va de la mano con lo que aprenderemos a continuación: el argumentum ad nauseam. La prueba por aseveración es una falacia lógica y un concepto retórico a menudo empleado por políticos o personas con algún tipo de agenda política. El núcleo de la prueba por aseveración es que alguien continuamente insistirá en un cierto punto en lugar de la evidencia consistente en el contrario que se proporciona.

La falacia en sí misma no conduce a la aceptación de algo como un hecho, sino que conduce a la aceptación de la declaración a través de uno o dos canales más, principalmente argumentum ad nauseam o argumentos de la autoridad.

**Falacia del Psicólogo**

La falacia del psicólogo es simple conceptualmente hablando. Esta falacia ocurre cuando cierta persona está proyectando su propia experiencia con la experiencia universal.

Por ejemplo, una persona está en un matrimonio infeliz. Puede asumir que debido a que es infeliz en su matrimonio, todas las personas son infelices, incluso si este no es el caso. Esto es toda una falacia, por supuesto. Sin embargo, la falacia del psicólogo se ocupa de cualquier situación en la que alguien presume que su experiencia es la experiencia universal.

**Citar Fuera de Contexto**

Esto se explica por sí mismo. Por ejemplo, usted sería culpable de citar a alguien fuera de contexto si tomara una declaración particular que hizo y luego trató de tomar ese pequeño fragmento de su cita general para que se ajuste a su interés y cambie el significado que originalmente tenía.

Esta es una táctica retórica común, y probablemente lo notará en los medios de comunicación. Si alguna vez ve a alguien citar, intente encontrar la fuente original y busque el contexto de la cita. Esto se puede usar para cualquier tema, desde la religión a la política, a temas inocuos y a los tabloides. Siempre asegúrese de que está viendo lo que realmente se está diciendo.

**Determinismo Retrospectivo**

Esta falacia específica también se explica por sí misma. Vamos a desglosar sus partes clave:

*Retrospectiva* significa en referencia al pasado, por lo que sabemos que esta falacia tendrá en cuenta los factores del pasado.

El *determinismo* es la idea de que algo sucede de manera procesal de acuerdo con otra cosa; que un determinado evento puede determinar un determinado resultado y eventos específicos que siguen patrones específicos.

Por lo tanto, el determinismo retrospectivo se basa en la idea de que al investigar algo que sucedió, dada alguna circunstancia, esa circunstancia siempre se desarrollaría de la misma manera. Sin embargo, esto es ilógico. Por ejemplo, como Julio César se declaró emperador de Roma, inevitablemente sería asesinado. Esto supone que, como era un emperador, estaba obligado a ser asesinado. Sin embargo, algunos emperadores no fueron asesinados, por lo que esto es demostrablemente falso.

No se sigue lógicamente que solo porque él se declaró a sí mismo como emperador, iba a ser asesinado. Dada una serie diferente de eventos, él, como muchos otros emperadores y figuras autocráticas, podría haber vivido una vida plena y feliz y no haber sido asesinado.

El determinismo retrospectivo es una falacia porque conecta dos eventos en el pasado y los vincula inextricablemente incluso si hay muchas más variables e incluso si se puede demostrar que esa conexión es falsa a través de otra evidencia demostrable.

## Alegato Especial

Los alegatos especiales suponen que se debe aplicar una cierta regla pero que se debe hacer una exención en una circunstancia determinada sin que se haya dado una razón suficiente para la exención. Esta es una falacia lógica porque exige algo y llega a una conclusión sin una razón clara que no sea una inversión emocional.

Supongamos que existe una mujer cuyo hijo estaba en la corte por vandalismo. Ella sube al estrado y argumenta lo siguiente:

"Creo que el vandalismo es malo y que las personas no deben tocar o dañar la propiedad privada de otras personas. Dicho esto, mi hijo acaba de cometer un error. Él no es un niño malo; solo se juntaba con la gente equivocada. No merece ir a la detención de menores".

Desde un punto de vista lógico, esto es bastante ilógico y realmente no tiene sentido. Lo más probable es que el juez no se preocupe por las súplicas especiales de la mujer porque no parece racional. Cualquiera defendería a su hijo en el estrado y diría que era un buen chico, pero eso no lo exime automáticamente y debe evitarse por completo.

Debido a que los alegatos especiales son personales, si alguien lo acusa de ello, trate de dar un paso atrás y pensar en su posición. Algunas veces, puede ser injustificado, pero otras veces puede ser correcto. Es fácil ver cuando otras personas lo hacen, pero una vez que estamos personalmente en la situación y nuestras emociones se mezclan, puede ser difícil no invocar esta falacia.

## Argumentos Autosuficientes

### Petición de Principio

En este punto, comenzamos a alejarnos de los argumentos de la forma que ya hemos tratado y observamos algunas formas más particulares. Estos tienen que ver con la premisa del argumento y se invocan cuando se inicia el argumento; sin embargo, el argumento es una premisa defectuosa en general.

La petición de principio se refiere al uso de una premisa para mantenerse a sí mismo. Esto puede sonar un poco prolijo y difícil de entender, pero pronto tendrá sentido.

Supongamos que alguien argumenta: "Los fantasmas son reales". Presumiblemente, cuando alguien hace tal afirmación, se le presionará para que proporcione algún tipo de *prueba* que confirme que los fantasmas son reales. Sin embargo, algunos pueden usar la premisa en sí, o una variación de la misma, para demostrarlo. Si uno de ellos afirma: "Los fantasmas son reales porque he visto fantasmas", la frase "*He visto fantasmas*" es solo pseudo profunda porque en realidad no brinda ningún argumento de soporte. Sus experiencias con *fantasmas* se basan en el supuesto de que los fantasmas existen en primera instancia. Si en cambio hubiera dicho: "He experimentado una actividad paranormal" o "actividad que podría atribuirse a los fantasmas", aún no es un buen argumento. No hay pruebas suficientes para decir sin lugar a dudas que los fantasmas son reales. Más bien, proporciona un punto de entrada al cuestionamiento de que los fantasmas *podrían* ser reales tras la investigación de la actividad y las circunstancias. Y si pudieran ser reproducidos e inexplicables por otros fenómenos, entonces la conclusión sería que los *fantasmas podrían ser reales* hasta que existiera suficiente evidencia empírica para probar su existencia.

La petición de principio va de la mano con las tautologías y el razonamiento circular: todas las afirmaciones se utilizan esencialmente para apoyarse a sí mismas y no proporcionan ningún tipo de matiz a la investigación en cuestión. Esta puede ser una situación difícil, y no le brinda a la persona en la otra sala del extremo para discutir sin afirmar que el argumento de la persona es ilógico en primer lugar y carece del matiz requerido para un argumento serio y valioso.

A menudo, la petición de principio, el razonamiento circular y las tautologías se utilizan, pero de forma codificada u oculta, para apoyar cosas para las cuales en realidad hay poco o ningún apoyo fáctico. Preste atención a este tipo de situaciones porque son más comunes de lo que cree. La fraseología inteligente puede ayudar fácilmente a las personas a justificar puntos que en realidad no se justifican a sí mismos.

**Pregunta Capciosa**

Esta es otra falacia basada en la premisa. Ocasionalmente, una pregunta se plantea de tal manera que su respuesta sea sí o no. En otras palabras, la pregunta está enmarcada de manera que se supone que una premisa es cierta antes de tiempo y, por lo tanto, se responde en lugar de estar enmarcada de una manera que no obliga a ningún tipo de casilla al que responde.

Digamos que alguien se acercó a usted y le preguntó: "¿Todavía está vendiendo ese camión en Craigslist?" Lo más probable es que su respuesta inmediata sea: "No estoy vendiendo un camión en Craigslist", ¿verdad? ¡Bueno! Respondió a esta pregunta capciosa exactamente de la manera que debería. La pregunta es capciosa porque, en primer lugar, se suponía que estaba vendiendo un camión en Craigslist.

Del mismo modo, la pregunta que pueden hacer en la calle: "¿Le diste el nombre de Ralph a tu hijo?", es una pregunta capciosa porque supone que la persona ha tenido un hijo. Una respuesta de sí o no a esto no sería suficiente. Esto puede ser una manera astuta, especialmente en referendos y boletas, para escabullirse de algún tipo de opinión política detrás de la escena en un tema determinado.

Tome esto en cuenta porque las personas han sido engañadas por este tipo de preguntas en entrevistas públicas. Para los que no lo saben y no están iniciados, esto podría hacerle tropezar cuando menos lo espera y catalogarlo de una manera en que no deseaba que le catalogaran, simplemente porque no respondió la pregunta de la manera más perfecta imaginable.

## Argumentos de Generalización

### Accidente

Ahora empezamos a entrar en falacias lógicas que son más complejas de lo que parecen inicialmente. Existen falacias lógicas que emergen como resultado de que su método de inferencia está equivocado. El problema de ello es que, aunque puede ser formalmente sólido, el argumento exacto que toman puede carecer de matices o del contexto necesario para considerarlos con una luz positiva.

La falacia del accidente aparece cuando alguien intenta aplicar una regla general a todos los casos, incluso cuando hay excepciones obvias a esa regla dada. El ejemplo más común de la falacia del accidente es un cirujano:

Es de sentido común que cortar a alguien con un cuchillo es ilegal. No puede simplemente acercarse a alguien con un cuchillo y tratar de cortarle de cualquier manera. No sería exagerado decir que las personas que cortan a otras personas con cuchillos están violando la ley.

Sin embargo, una invocación de la falacia del accidente es extender esto y luego decir que debido a que las personas que cortan a otras personas con cuchillos infringen la ley y que los cirujanos cortan a las personas con cuchillos, entonces los cirujanos infringen la ley. Existe una clara excepción para los cirujanos, que están cortando a las personas legalmente y con buena intención, en la regla general de "no cortar a las personas con cuchillos". No reconocer esto significa invocar la falacia del accidente.

Si alguien lo acusa de invocar la falacia del accidente, tómese un segundo para considerar si debería haber una excepción para una instancia determinada. El ejemplo anterior es relativamente extremo, pero hay casos más pequeños o situaciones más complicadas en las que la respuesta puede variar considerablemente.

## Evidencia Anecdótica

La evidencia anecdótica puede convertirse en una falacia lógica con bastante facilidad cuando se utiliza para generalizar. Una persona, por ejemplo, puede usar una anécdota como argumento de apoyo para algo en general. Esto no es una evidencia sólida. En primer lugar, la evidencia anecdótica es circunstancial y no se puede investigar realmente científicamente, también porque un caso aislado o un conjunto aislado de casos de una fuente y ventaja singular no es un conjunto de datos satisfactorio para observar los fenómenos en general.

Por ejemplo, si alguien argumenta: "Mi hermano, Darrell, es de Arkansas y le encanta pescar. Todos en Arkansas aman la pesca", entonces esta sería una generalización incorrecta porque no todos en Arkansas adoran la pesca. El hecho de que su hermano Darrell viva en Arkansas y ame la pesca es simplemente una evidencia anecdótica y no tiene ningún tipo de investigación o encuesta adjunta para respaldar una afirmación de que todas las personas de Arkansas, o incluso la mayoría de las personas de Arkansas, disfrutan de la pesca. Como resultado, esto no es un argumento sólido y debe tomarse con un grano de sal.

## Evidencia incompleta

La falacia de evidencia incompleta es otra forma de generalización incorrecta. Gira en torno a la exclusión de datos que no parecen indicar la conclusión que la persona está tratando de demostrar. Es increíblemente común en las organizaciones políticas, pero también es común en cualquier sitio cuando alguien está tratando de quedar bien.

El simple hecho es que a menudo, algunos datos pueden ser contradictorios. Lo que se debe hacer es acercarse y presentar estos datos y permitirlos dentro de su cosmovisión o criticarlos desde un punto de vista lógicamente sólido. Lo que es intelectualmente *deshonesto* es dejarlo por completo.

Esto no quiere decir que alguien tenga que incluir todos los datos dentro de sus afirmaciones. Técnicamente, cualquier cosa es un dato que puede afectar una conclusión dada, ya que todas las cosas están interconectadas a través de causa y efecto. Sin embargo, si no existe una razón justificable para incluir los datos, como puede suponerse, o si no afecta directa o indirectamente a la conclusión presentada en el argumento de alguna manera, los datos no necesariamente tienen que ser presentados por la persona que hace la discusión. Los datos pueden ser retenidos, y la persona que retiene los datos no está técnicamente haciendo nada falaz al retener dichos datos.

Un ejemplo simple de evidencia incompleta podría ser considerado un currículum. En un currículum, no está enumerando sus rasgos defectuosos. Trata específicamente de ofrecer una visión unilateral de lo que lo convierte en un empleado particularmente aceptable y luego trata de usarlo para ayudar al empleador en cuestión a justificar la decisión de contratarle en primer lugar. Esto, por supuesto, es reconocido por el empleador. Como resultado, el empleador a menudo incluirá otras medidas para compensar este balance: intentarán ponerse en contacto con sus empleadores anteriores y con cualquier referencia que haya indicado como medio para verificar que la información que ha proporcionado a su favor es verdadera, como parece relativamente lógico.

El simple hecho es que está escogiendo cosas buenas de sí mismo, así que esto es un buen ejemplo. El hecho de que no esté publicando nada que pueda considerarse negativo significa que está seleccionando información, aunque eso es lo que debe hacer.

**Analogía Falsa**

Una falsa analogía es algo similar a las instancias enumeradas anteriormente de los argumentos que son defectuosos debido a su generalización. Sin embargo, una falsa analogía es un argumento deficiente porque la analogía utilizada no encaja muy bien o no parece tener una conexión lógica con la situación en cuestión.

En una falsa analogía, en primer lugar, se forma una conexión entre dos argumentos. Entonces, se reconoce que uno de ellos tiene una calidad dada. La analogía entre ambos se usa para afirmar que la otra tiene la misma calidad. Esto no significa necesariamente que las cosas sean iguales en un sentido lógico; más bien, solo que se estableció una conexión entre los dos basados en una supuesta conexión que puede o no resistir un control lógico. Por ejemplo, el análisis lógico de la analogía dada puede mostrar que hay muchas razones por las que la conexión es reduccionista o no tiene en cuenta diversos factores.

Un ejemplo de una falsa analogía sería decir que las personas que no pueden pasar una mañana sin ir a Starbucks son tan adictas como las personas adictas al alcohol. Por supuesto, esto puede parecer cierto: después de todo, una adicción es una adicción, ¿verdad? Pero un examen más detallado demostraría que las dos situaciones no son en absoluto las mismas. La adicción a la cafeína y la adicción al azúcar no son tan peligrosas para la salud como lo es la adicción al alcohol y no tienen el mismo efecto en la vida personal.

**Generalización Precipitada**

Una generalización precipitada es cuando se generaliza una situación para todo un grupo, incluso cuando realmente no se tienen los datos necesarios para aplicar ese tipo de generalización. En matemáticas, existe un concepto en las pruebas llamado prueba por agotamiento, en el que se muestra a un número suficiente de casos que algo es cierto y posteriormente se usa como un medio para probar su afirmación. Sin embargo, esto solo funciona si tiene un conjunto de datos exhaustivo. Si solo tiene datos para un reducido subconjunto de su conjunto, entonces no podrá generalizar los datos de manera justa.

A menudo, esto ocurre como resultado de que alguien está tratando de llegar a algún tipo de conclusión con respecto a un conjunto de datos sin tomarse el tiempo suficiente para considerar todo lo que implica.

Un ejemplo de una generalización apresurada es:

El estudiante A no tiene un desayuno saludable todos los días y obtuvo una A en el examen.

El estudiante B no tiene un desayuno saludable todos los días y obtuvo una B en el examen.

Por lo tanto, si los estudiantes C, D, E, F, etc. no tienen un desayuno saludable, aún pueden obtener buenos resultados en un examen. Por lo tanto, la nutrición y el acceso al desayuno no afectan el rendimiento académico del estudiante.

Este tipo de conclusión apresurada socavaría estudios previos sobre el tema basados en el desempeño de dos estudiantes que, a pesar de su falta de desayuno, pueden haber pasado una cantidad excesiva de tiempo estudiando, pueden tener mejores vidas en el hogar o saltarse el desayuno conscientemente y tener una gran experiencia en nutrición; de lo contrario, a diferencia de otros estudiantes que pueden omitir el desayuno y así sucesivamente. Todas estas variables afectarían el rendimiento académico de un estudiante y no se podrían tomar en cuenta con un conjunto de datos tan pequeño porque los dos resultados de las pruebas reportados solo muestran puntuaciones altas en los exámenes y una falta de desayuno, sin tener en cuenta más propiedades y, lo que es más importante, sin tener que esforzarse más para explorar el vínculo entre el desayuno y la nutrición y los resultados de las pruebas en general.

Un conjunto de datos más amplio sería capaz de mostrar una mejor calificación promedio para el examen dado, e incluso entonces, solo se aplicaría a este examen específico; una conexión real solo se puede encontrar explorando la misma variable en múltiples exámenes diferentes de diferentes dificultades y diversos grupos de estudiantes con y sin acceso al desayuno.

**Ningún Auténtico Escocés**

Esta es otra falacia de la generalización. Esta falacia específica se basa en la idea de trasladar los objetivos a una generalización, a menudo como una forma de refutar el contrapunto de alguien o ignorar que existe un contra-argumento. Esto se invoca a menudo para que alguien intente guardar su punto de vista después de que alguien señale un fallo en su generalización.

Tome, por ejemplo, si dijo: "A ningún norteamericano no le gusta la tarta de manzana", y a alguien argumenta en contra "Yo soy estadounidense, y no me gusta la tarta de manzana". Puede intentar conservar su punto original respondiendo: "A ningún estadounidense le gusta la tarta de manzana". Esto implicaría que la persona que no le guste la tarta de manzana no es un estadounidense auténtico y esa es la razón por la que no le gusta la tarta de manzana.

Esencialmente, el argumento Ningún Auténtico Escocés trata de argumentar contra la autenticidad de un ejemplo dado afirmando que no es realmente un ejemplo auténtico del grupo que se generalizó en primer lugar.

**Excepción Abrumadora**

Una excepción abrumadora es otro error de generalización que se basa en el hecho de que se hace una generalización que es técnicamente cierta, pero luego se califica con un cierto conjunto de excepciones que son tan numerosas que el conjunto inicial se ha reducido a algo bastante minúsculo.

Supongamos, por ejemplo, que alguien argumenta: "Todos los mamíferos son gatos, excepto aquellos que no son gatos".

Esto es casi una caricatura del concepto, ya que es difícil encontrar un ejemplo real de esto sin entrar en el territorio político y muchos otros ejemplos más tontos. Sin embargo, al mismo tiempo, esto encapsula perfectamente el espíritu de la abrumadora falacia de excepción.

La generalización en su conjunto es técnicamente cierta. Y, de hecho, la afirmación "Todos los mamíferos son gatos" suena impresionante por sí misma, pero está cerrada por la calificación tautológica. En este contexto, la falacia parece una obviedad porque la calificación es tautológica; por supuesto, todos los que no son gatos no son gatos, y todos los mamíferos que no son gatos no son gatos. Pero con una nueva redacción no tautológica inteligente, uno puede hacer que esto parezca impresionante:

"Todos los mamíferos son gatos, excepto los que ronronean y los que maullan".

Esto parece excluir una base más pequeña que la anterior debido a la forma en que está redactada, pero en realidad excluye al mismo grupo. Este es solo un ejemplo de cómo alguien podría manipular el fraseo y mostrar las cualidades de algo como un medio para respaldar su propio argumento sin tener realmente un argumento coherente o ningún tipo de datos para respaldar su generalización. Si uno no es consciente de esta falacia, y de que puede ser impugnada razonablemente, la gente puede salirse con la suya con declaraciones bastante graves que se presentan como generalizaciones verdaderas sin ningún tipo de factor de verdad para ellas.

**Bloqueos de Pensamiento**

Los bloqueos de pensamiento son palabras que intentan no dar una conclusión significativa a un argumento, sino simplemente poner fin abruptamente a la discusión en cuestión. También se les conoce como palabras de lucha porque no toleran ningún tipo de progreso crítico o valioso en el tema y solo sirven para agitar a la persona en el otro extremo de la discusión.

Un ejemplo de un bloqueo de pensamiento podría ser algo como "aquí vamos de nuevo"; esta declaración puede usarse como un medio para indicar que alguien menciona algo todo el tiempo. Sin embargo, el hecho de que mencionen algo todo el tiempo no significa que estén equivocados al continuar mencionándolo. La intención de detener el pensamiento es menospreciar a la persona que sigue trayendo algo para que se sienta tonta por haberlo mencionado una vez más.

Otro ejemplo sería alguien que diga que tiene derecho a opinar y luego dejar la conversación allí o algo así como "estar de acuerdo en no estar de acuerdo"; estos no logran ningún tipo de consenso significativo sobre el tema. Cada argumento tiene un ganador o un perdedor; no tiene que tener ambos. Ambas personas pierden una discusión si cualquiera de los dos no cambia de opinión. O ambos no se comprometen. En este caso, uno puede asumir que el argumento ha fallado, y ambas personas no han podido ver desde la perspectiva de la otra persona o no pueden contrarrestar suficientemente la evidencia y el argumento que están presentando. Los bloqueos de pensamiento estimulan los finales.

Evite los bloqueos de pensamiento a toda costa: no son propicios para los argumentos productivos y hacen muy poco para impulsar la conversación de una manera significativa.

**Argumentos de Relevancia**

**Apelar a la Piedra**

Aquí, comenzamos a involucrarnos en falacias que pueden ser un poco más específicas. Estas tienden a apuntar a la relevancia del argumento en sí, o la forma del argumento. Sin embargo, no se confunda; incluso si están dirigidas al argumento y su forma, no necesariamente las convierte en falacias formales porque en realidad no tienen nada que ver con la forma del argumento en sí, sino con cómo la forma impacta en la conclusión.

La primera falacia que vamos a discutir es la apelación a la piedra. La apelación a la piedra se basa en la idea de descartar un argumento dado como absurdo sin dar ninguna razón sustancial de por qué el argumento podría considerarse absurdo en primer lugar.

Digamos que una persona dice: "La Tierra orbita alrededor del Sol".

La segunda persona dice: "Tal cosa es absurda".

La primera persona le pregunta por qué es un argumento absurdo. La segunda persona no proporciona ningún tipo de razón para ello y, en cambio, simplemente refuta de nuevo con el hecho de que es supuestamente absurdo.

Al igual que cualquier otra falacia, la conclusión aquí podría ser ostensiblemente correcta, y la persona todavía está cometiendo la falacia lógica si no la respalda.

Cambiemos los roles:

Si una persona argumenta: "El Sol orbita la Tierra", es empíricamente incorrecto.

Y la otra persona argumenta: "Tal cosa es absurda".

Entonces la primera persona pregunta: "¿Por qué?"

Y la segunda persona no da ninguna razón clara por la que es absurdo y en su lugar solo dice que la persona está equivocada y que la idea es estúpida.

Entonces, la segunda persona, aunque correcta, no es lógicamente exhaustiva porque no está respaldando su afirmación de que la idea de la primera persona es absurda.

**Argumento del Silencio**

El argumento del silencio es interesante. Esencialmente, es cuando una persona obtiene una conclusión de un argumento basado en la falta de respuesta de la otra. Esto, sin embargo, no es lógicamente coherente.

Supongamos que notó que su televisor desapareció. Le envía un mensaje de texto a su compañero de casa y le pregunta dónde está el televisor. Pasan unas horas - no hay respuesta. Lo llama y él no contesta, o tal vez incluso lo envía directamente al correo de voz. ¿Es esto una indicación de que algo salió mal?

En resumen, no. No es una indicación positiva de una manera u otra, porque no se ha declarado ninguna afirmación concreta ni se ha proporcionado evidencia concreta. Es posible que alguien haya entrado en su casa y haya robado el televisor. También es posible que su compañero de casa esté simplemente en el trabajo y no pueda responder el teléfono.

El silencio no es en ningún caso un indicador de culpa. Es posible que simplemente no tengan ganas de responder y tienen el derecho de hacerlo. Buscar tales indicadores de algo como una conciencia culpable es casi siempre una batalla perdida al final.

**Conclusión Irrelevante**

Una conclusión irrelevante es fácil de confundir con falacias formales. Sin embargo, son categóricamente diferentes.

La conclusión irrelevante es, esencialmente, cuando se plantea un argumento que, en conjunto, podría ser un argumento fino que sea lógicamente exhaustivo, pero que aun así no resuelva el problema en cuestión. No se debe confundir con un non-sequitur, que es un argumento donde la conclusión no sigue la premisa de forma lógica (como ya hemos establecido).

Un ejemplo de una conclusión irrelevante sería alguien preguntando si era legal o no adueñarse de una casa. Si tuviera que responder con: "No debería ser legal adueñarse de una casa porque daña la propiedad de otra persona", a pesar de que su argumento es válido y también es sensato, en realidad no aborda el problema actual, que es el problema. Cuestión de legalidad, no validez. En este caso, ha dado una conclusión irrelevante y ha sido completamente inútil.

Con suerte, no será quien lleve a cabo esto. Si alguien más hace esto, tenga un poco de paciencia y trate de explicar por qué lo que dijeron es una falacia lógica sin ser acusativo. Sin embargo, en un debate real, esto podría descarrilar fácilmente toda la discusión si no se cierra rápidamente, así que asegúrese de hacerlo.

**Ad Hominem**

**Introducción**

Vamos a desglosar mucho esta falacia específica porque tiene múltiples subtipos diferentes, pero por ahora, veámosla en abstracto.

Ahora hemos comenzado a avanzar hacia falacias de arenque rojo. Estos son argumentos que intentan desviar el enfoque del argumento y, en cambio, aprovechan otras cosas, que pueden o no ser lógicamente acertadas o verdaderas por sí mismas, para obtener la ventaja en el argumento.

Algunos ad hominem en sí mismos son específicamente un argumento que está dirigido a la persona contra la que está argumentando. En un argumento ad hominem, usted ataca la validez de la persona en lugar de los puntos que está haciendo. Existen numerosas formas de la falacia ad hominem que ahora se mostrarán.

**Falacia Abusiva**

La falacia abusiva es muy común. Tiene muchos nombres; a veces una discusión se torna intensa, y no puede evitar llamar a alguien con un insulto horrible. En esos casos, no es lógicamente exhaustivo (lo crea o no).

No hay mucho que decir sobre esto. Si alguien está tratando de establecer algún tipo de punto y usted lo rechaza por completo y simplemente lo llama idiota en lugar de presentar un argumento conducente contra ellos, no es lógicamente exhaustivo. Ahora, eso no quiere decir que esto sea siempre algo malo. A veces las personas tienen opiniones realmente horribles y discutir no es la forma de comunicarse con ellas. Sin embargo, los argumentos que evitan los insultos son su mejor apuesta.

**Apelar al Motivo**

Una apelación al motivo es una falacia un tanto única y meramente simple. Muchas veces las personas parecen defender las causas porque tienen intereses creados en ellas. A menudo, esto es cierto. Quizás en este día y en esta época sea correcto cuestionar los motivos de alguien; después de todo, nunca se puede ser demasiado cuidadoso ni crítico.

Sin embargo, no puede permitir que eso sea todo el núcleo de su argumento, y debería cuestionar a cualquiera que use este tipo de cosas como el núcleo de su argumento. Si bien alguien puede tener motivos negativos detrás de su argumento o posición dada, debe recordar que cuestionar sus motivos no es un argumento en contra de su posición en sí misma. No está haciendo nada para desacreditar su posición al hacerlo, solo está debilitando tu propia posición haciéndose parecer falaz e ilógico, lo cual no es del todo falso.

Nuevamente, cuestione los motivos, pero hágalo en privado. No lo exponga a la mitad de la discusión y espere que salga bien, porque lo más probable es que no termine bien.

**Ergo Decedo**

Ergo decedo significa "luego irse" y también se puede llamar la falacia del crítico traidor. ¿Alguna vez ha sido miembro de un servicio y ha criticado el servicio por algunas cosas (diciendo que podría haber algunas mejoras) y que las personas intentan hacer que suene como un traidor y responden: "Si no le gusta, entonces puede irse"? Si es así, esta es la falacia en acción.

Implicar que alguien es un traidor o tiene lealtades externas no desacredita nada de lo que está diciendo. Esto puede ser realmente algo negativo e inhibir el progreso real que se está realizando porque detiene cualquier tipo de discusión racional que ocurra.

Digamos que Tony es miembro de una sociedad donde todos los lunes, la ley exige que las personas beban seis vasos de leche. Tony comienza a hablar con sus amigos acerca de por qué esta política es tonta. No cree que la ley deba obligar a las personas a beber seis vasos de leche. Sus amigos dicen: "Si no te gusta la política, ¿por qué no te mudas a otro lugar?"

En realidad, esto no aborda el argumento que Tony está haciendo (que obligar a beber seis vasos de leche los lunes es absurdo) y, en cambio, implica que Tony es un traidor por no querer beber seis vasos de leche. El argumento de ninguna manera defiende el consumo de seis vasos de leche, ni tampoco desacredita el hecho de no beber seis vasos de leche. Solo sirve para desacreditar a Tony.

**Envenenar el Pozo**

Envenenar el pozo es una forma de falacia ad hominem en la que una persona intenta desacreditar todo el argumento de un oponente al presentar algún tipo de reclamo que pretende hacer que toda su perspectiva parezca inválida.

Por ejemplo, Jim y Bob están en una reunión sobre la financiación de escuelas públicas. Están discutiendo si se debe recortar el presupuesto de las artes para permitir un mayor gasto en programas deportivos. Jim argumenta que tal cosa no debería ser verdad. Bob, entrenador de fútbol y fanático de los deportes, y cuyos hijos son extremadamente activos en los equipos deportivos locales de sus escuelas, se pone de pie cuando Jim termina y les pregunta a todos si realmente van a escuchar a un tipo que engañó a su esposa. Bob trató de envenenar el pozo y de poner a la gente en contra de lo que Jim tenía que decir y, en el proceso, no proporcionó ningún argumento para apoyar la financiación de las artes.

**Vigilancia del Tono**

La vigilancia del tono es relativamente común. A todos les gusta pensar que son psicólogos y comprenden perfectamente todos los matices del lenguaje corporal y la comunicación verbal y no verbal. Sin embargo, esto simplemente no es el caso. Muchas personas en una discusión intentarán enfocarse en el tono en el que alguien dice algo en lugar del contenido de lo que están diciendo. Luego discutirán contra el tono de la persona.

Por ejemplo, digamos que la hermana de James, Becky, fue enviada a casa desde la escuela por violar el código de vestimenta. James es protector con su hermana y no cree que ella estuviera haciendo algo mal, por lo que va a la escuela y está comprensiblemente enojado. Él comienza a hablar con el director, y el director intenta desacreditar su argumento al enfocarse en el hecho de que James está enojado en lugar de tratar de argumentar contra las cosas que James está diciendo. El director sería el tono policial de James argumentando en contra del hecho de que James está enojado. La ira o cualquier tono de voz específico no invalida el argumento de alguien. Algunas personas tienen derecho a estar enojadas por una cosa u otra sobre las que están dispuestas a discutir. Nuevamente, trate de no refutar a la gente de la policía y suponga que su estado emocional influye en la validez de su argumento. Discutir no solo se hace estoicamente.

**Apelaciones Autorizadas**

**Apelar a la Autoridad**

Hemos cubierto la mayoría de las falacias basadas en ad hominem, y ahora nos centraremos en otras falacias de relevancia.

La apelación a la autoridad se basa en la idea de que algo es más probable que sea verdad porque la persona se encuentra en una posición de autoridad.

Si el presidente dijera mañana que es saludable comer 4.000 calorías por día, entonces eso sería absurdo. Si alguien lo citara en una discusión, apelarían al hecho de que él es el presidente. Como él es el presidente, debería poder hablar razonablemente sobre las restricciones dietéticas. No porque él lo sepa, sino porque está en una posición de poder. Eso sería una falacia. El presidente no necesariamente sabe nada acerca de la información dietética por defecto, y uno no puede asumir que todo lo que dicen es un hecho solo porque lo pusieron a la vista.

**Apelación al Logro**

La apelación al logro se asienta cómodamente junto con la apelación a la autoridad, mientras que la apelación a la autoridad se basa en la idea de que quien diga que algo está en una posición de poder o autoridad, la apelación al logro se basa en el hecho de que quien dice que algo está en una posición de haber logrado algo significativo.

Por ejemplo, un ganador del Premio Nobel sale mañana hablando en contra de la vacunación. Es poco probable, pero podría ser algo que no esté relacionado activamente con su campo. Si fueran economistas, por ejemplo, no *necesariamente* tendrían que tener algún tipo de experiencia en epidemiología o medicina.

Si alguien que estaba en contra de las vacunas comenzó a utilizar a esta persona y sus logros como una razón para apoyar su posición, entonces serían culpables de la apelación al logro. El hecho de que la persona en cuestión haya logrado algo significativo no significa necesariamente que su opinión valga más que la opinión de la persona estándar. También son tan susceptibles de estar equivocados o ignorantes acerca de algo que nunca han estudiado, por lo que no es impensable que solo porque se logren, saldrán a favor de algo científicamente desagradable.

El punto clave es que, si las personas intentan presentar una cita realizada de una figura realizada como necesariamente indicativa de la validez de un argumento, ambas son acertadas y atractivas para el logro sin mayor justificación y justificación de su decisión. Por supuesto, existe una diferencia entre citar a un economista en una discusión sobre la economía y citar a una estrella de cine con múltiples óscares que alguna vez dijo algo sobre una situación de la que realmente no saben mucho.

**La Respuesta del Cortesano**

Al otro lado de estas dos falacias de primos que se besan está la *respuesta del cortesano*. Al igual que los otros dos, no permita que uno levante completamente una discusión sobre el hecho de que alguien que es exitoso o poderoso lo dice. Este no permite que uno simplemente *desacredite* un argumento debido a la falta de experiencia que se percibe al final de la persona que está haciendo el argumento.

Simplemente no es un argumento. Si tiene o no alguna validez situacional es irrelevante; si su principal argumento en contra de alguien es que no están calificados para hablar sobre el tema, entonces no está refutando nada de lo que tienen que decir. Esto también es un poco de un ataque ad hominem por encima de todo lo demás, pero puede ser una falacia común que se da en respuesta a uno de los argumentos anteriores.

Este argumento es comúnmente usado por la gente de ambos lados políticamente cuando alguien que está en la industria del entretenimiento hace públicas sus opiniones políticas. Curiosamente, solo parece suceder cuando las opiniones del artista no coinciden con las suyas. Las personas dirán cosas como "Deberían atenerse a la música / películas" en lugar de pensar en lo que la persona tenía que decir o argumentar en contra del núcleo de su argumento. No hay sustancia para este tipo de refutación, y debe evitarse.

**Argumentos Emocionales**

**Apelar a la Emoción**

Esta tiene diferentes subsecciones. En lugar de dividirla en diferentes secciones, la cubriremos aquí.

Una apelación a la emoción es un argumento que trata de apelar a la emoción de las personas en lugar de intentar apelar mediante un razonamiento válido. No hay nada de malo en esto, es solo que no es puramente lógico. La combinación de razonamiento válido y emoción es una gran herramienta persuasiva. Sin embargo, algunas técnicas sirven exclusivamente para cambiar o manipular las emociones de las personas, y estas no son argumentos lógicamente sólidos o valiosos en sí mismos. Es más, es relativamente difícil restar importancia e ignorar este tipo de apelaciones porque la emoción es a menudo más fuerte que la lógica con respecto a las audiencias.

El primer gran atractivo para la emoción es el atractivo para el miedo. La apelación al miedo es una herramienta argumentativa que tiene como objetivo construir el miedo al otro lado del argumento. Para ilustrar, todos los argumentos siguientes involucrarán a dos personas: Nancy y Mandy.

Nancy y Mandy se postulan para cargos públicos y están debatiendo en un evento público. Están tratando de desacreditar las emociones de los demás.

Una apelación al miedo en el final de Nancy sería algo así como decir que, si la gente elige a Mandy, Mandy intentará prohibir algo que todos aman. Este es un atractivo clásico para el miedo. No importa si esto es realmente parte de la plataforma de Mandy o no; todo lo que importa es que Nancy apela y capta el miedo de la audiencia, luego puede manipularlo con éxito de ahí en adelante.

El siguiente gran atractivo para la emoción es el atractivo para la *adulación*. Esta apelación se produce cuando alguien intenta usar la adulación para ganar una discusión y obtener apoyo. Si Mandy tuviera que contrarrestar la calumnia de Nancy observando a la audiencia y diciendo que sabe que una "ciudad diversa e inteligente" no creería algo así, entonces intentaría mantener a la ciudad en la calle y hacer que se sientan como si fueran especiales.

El siguiente es la apelación a la *compasión*. Es un intento abierto de intentar obtener apoyo a través del uso de la compasión. Si, en respuesta a Mandy, Nancy mencionara de forma espontánea el hecho de que ella sabe de primera mano lo que es sentirse necesitado en esa comunidad, porque creció pobre, sería atractiva a la compasión. Al tratar de ganarse la pena de la audiencia, ella trata de parecer que realmente merece, por una razón u otra, sus votos.

El siguiente es apelar al *rencor*. La apelación al rencor es cuando intenta aprovechar el desdén de la audiencia o las emociones internas hacia algo para obtener apoyo para su propia causa. Si Mandy respondiera a Nancy diciendo que la gente debería votar por ella, ya que no está tratando de manipularlos para que se sientan mal por ellos, eso se llamaría apelar al rencor.

Por último, está la falacia del *pensamiento ilusorio*. Esto se basa en la proposición de una idea que se percibe como deseable para la audiencia. Si Nancy se opusiera a Mandy diciendo: "En realidad, un voto para mí es un voto para una economía próspera y mucho más dinero en su bolsillo", entonces estaría apelando a las ilusiones.

Nótese que este debate apenas tuvo ningún tipo de flujo real. Al final, uno probablemente no querría votar por ninguno de los candidatos. ¿Por qué? Porque ninguno de los dos trató de decir nada de sustancia y siguió intentando ignorar el atractivo de la emoción por parte de los demás. Ninguno de los dos presentó ninguna evidencia real a favor de su plataforma; solo dijeron cosas vagas para desacreditar a los demás, y ese fue el final del debate. ¿Por qué debería votar por alguno de ellos?

Esto ilustra por qué este tipo de apelación es altamente falaz y no merece una consideración seria en ningún contexto de debate. Evítelos, pero no tenga miedo de usar los conceptos subyacentes de la influencia emocional en sus argumentos, además de los argumentos válidos y los datos lógicos.

**Pooh-pooh**

La táctica *pooh-pooh* es una falacia común que apunta a desacreditar principalmente un argumento diciendo que no es un argumento válido en sí mismo y no es realmente digno de ser considerado. La falacia de Pooh-Pooh es esencialmente tratar un argumento como si fuera totalmente ridículo y simplemente ignorarlo por completo.

Un ejemplo famoso es Charles Darwin. Cuando publicó por primera vez sus libros sobre la evolución, muchos críticos no discutieron su ciencia ni su razonamiento, sino que los consideraron intrascendentes y ridículos. Esto, por supuesto, no es un argumento en sí mismo. Esto es algo similar a una falacia que ya hemos discutido, pero que tiene más que ver con el rechazo de un argumento en lugar de la afirmación de que el argumento es irrelevante o estúpido por sí solo.

**Lenguaje del Juicio**

Es imposible dar un ejemplo de este porque sería altamente inapropiado. Sin embargo, el lenguaje crítico es cuando una persona usa un lenguaje altamente ofensivo o insultos absolutos como un medio para invalidar el argumento de otra persona e intentar conquistar a la audiencia. No sirve muy bien a su propósito y sirve principalmente como un medio para el fin de parecer tonto. Sin embargo, cuando la audiencia ya tiene vitriolo contra alguien, esta importante herramienta retórica puede usarse para acorralar todo ese odio y enojo contra alguien. Es un movimiento desagradable políticamente, pero es extremadamente común.

## Apelaciones Ilógicas

### Apelación a la Edad

Esto puede tomar dos formas: la apelación a la novedad o la apelación a la tradición. En cualquier caso, algo no es necesariamente bueno o malo porque es nuevo o porque está anticuado, ya sea una norma social o una tecnología.

Un ejemplo sería decir que los teléfonos de marcación rotativa son mejores porque son los que nuestros abuelos usaban y las cosas eran más simples en ese entonces.

### Apelación a las Finanzas

Esta es una falacia lógica común. Cualquier argumento que tenga que ver con la situación financiera de alguien es falaz a menos que la discusión en cuestión tenga que ver específicamente con su situación financiera. Nadie tiene una opinión equivocada porque son ricos o pobres; tienen una opinión equivocada porque tienen una opinión equivocada. Su situación financiera puede verse influida por ello, pero al igual que muchas de las otras falacias, un argumento en contra de esto no es en realidad un argumento en contra de su posición; es solo un argumento en contra de ellos. Podrían tener la misma posición en una situación financiera diferente.

### Apelación a la Naturaleza

Este es a la vez común y poco pensado. Hay muchas personas que piensan que algo natural invalida automáticamente el concepto. La apelación a la naturaleza es una falacia lógica que equipara el estado natural de algo como algo inherentemente bueno.

Esto es, por supuesto, falaz. Hay una serie de cosas naturales que son malas, como la cicuta, por ejemplo, o la sombra de la noche. También hay una serie de cosas *antinaturales*, es decir, cosas procesadas, aquellas que no son directamente de la naturaleza, pero que se han convertido en algo a través de procesos químicos, que son muy buenas.

Un ejemplo sería el ibuprofeno. El ibuprofeno no es natural, pero es muy beneficioso como analgésico con un bajo nivel de toxicidad en comparación con otros analgésicos y es eficaz en combinación con naproxeno para el alivio del dolor de bajo nivel.

Un recurso a la naturaleza carece de fundamento. Si alguien dijera que cierta píldora es excelente porque es completamente natural (como las cápsulas de canela), entonces sería atractiva para la naturaleza. Podría ser beneficiosa, pero no porque sea natural.

**Argumentum ad Populum**

Este argumento se basa en la idea de la población general. En esencia, este argumento gira en torno al concepto de "todo el mundo lo está haciendo". Esto no siempre es el caso, por supuesto. Esto también a veces va de la mano con la apelación a los argumentos de edad.

Por ejemplo, la costumbre de una ciudad que es extraña y potencialmente peligrosa podría apoyarse a través del argumento del carro (¡todos lo están haciendo!) Y la apelación a la tradición (¡hemos hecho esto durante siglos!). Sin embargo, ninguno de estos necesariamente niega el argumento en contra de tal cosa, ni apoya el argumento en su contra.

Si un pueblo entero tuviera una tradición en la que los domingos tiraran su basura al río, sería una mala idea por razones obvias. Sin embargo, alguien puede intentar justificarlo diciendo que es lo que hace todo el mundo, por lo tanto, es lo correcto. Este no es el caso.

Podría argumentar en contra de ello señalando que tal cosa es una falacia lógica y que el hecho de que todos hagan algo no tiene nada que ver con si es algo lógico y bueno. Nada conecta la noción de acción común con la noción de bondad inherente de la acción. Podría argumentarlo señalando que la contaminación es un problema importante y que podría estar dañando a la vida silvestre local, que en el futuro también perjudicará a las personas que lo están haciendo.

## Ipse Dixit

A veces, las personas en una posición de poder o autoridad pueden hacer un reclamo sin proporcionar ningún tipo de evidencia a favor de él. Esto es increíblemente falaz. A menos que algo sea de conocimiento común o abordado previamente, siempre debe citar sus argumentos cuando sea posible. Incluso si no puede citarlos, tiene que ser capaz de dar ejemplos específicos para respaldar su reclamo y no solo dejar que se asiente sobre la base de que sabe de lo que está hablando debido a su autoridad percibida en la arena dada.

Si alguien dijera: "Todos los plátanos son rojos", sin proporcionar ninguna evidencia que respalde su afirmación, la afirmación es errónea. Esto puede parecer un poco obvio, pero la verdad es que muchas personas asumen que las afirmaciones sin fundamento son aceptables si las pronuncia alguien que tiene autoridad en el campo dado.

## Malentendidos

## Falacia Genética

Esta falacia es algo así como el socio conceptual de la falacia lingüística. ¿Recuerda discutir cómo algunas personas cometen la falacia de asumir que una palabra solo debe tener su significado original y no necesariamente debe usarse en su significado actual? La falacia genética es correlativa a eso. La falacia genética es básicamente un argumento que se centra principalmente en los orígenes de algún concepto o persona y no logra contextualizar el significado y la situación actuales de esa persona.

Los "cuernos del diablo" son una famosa señal de mano que se usa en círculos de rock and roll. Sin embargo, no siempre tuvo este significado. Hace mucho tiempo, fue utilizado en un intento de evitar espíritus malignos y demonios. Una discusión con una falacia genética diría que un grupo de personas en un concierto de rock están tratando de alejar a los demonios en masa invocando las imágenes del cuerno del diablo. Esto obviamente no es cierto, porque, en un contexto moderno, es un signo común utilizado entre las multitudes de rock and roll. Hay una diferencia masiva aquí que debe ser respetada, y que simplemente no está dentro del contexto de la falacia genética.

**Falacia del Hombre de Paja**

La falacia del hombre de paja es muy común. ¿Alguna vez ha estado en una discusión y parece que alguien está discutiendo contra algo que nunca dijo? Esto pasa mucho. Las personas proyectan un cierto estereotipo sobre las personas que creen de manera diferente a lo que ellos creen y con demasiada frecuencia asumirán que este estereotipo resume las opiniones de cualquiera que piense de manera diferente. No importa el hecho de que este tipo de afirmación tenga una base muy pequeña de hecho o incluso que represente ligeramente las opiniones reales de la persona contra la que se está argumentando.

Con frecuencia, esta caricatura puede salirse de control y convertirse en una parodia de sí misma, ya que comienza a tomar puntos de vista y ser burlada entre personas de puntos de vista comunes. Esto lleva a que las personas sean acusadas de tener puntos de vista con los que nunca llegaron a simpatizar. A menudo, se basa en un simple malentendido de los motivos básicos y los pensamientos subyacentes de las personas que están siendo caricaturizadas. Esto puede llevar a malentendidos masivos en situaciones de tipo debate, ya que las personas intentan argumentar cosas que nadie cree realmente.

Un buen ejemplo es el veganismo. Muchos veganos están a favor de los derechos de los animales y harán todo lo posible para apoyar los derechos de los animales, como aparecer en protestas. Unos pocos individuos han hecho cosas irracionales, y las personas a las que ya no les gustaban los veganos por una razón u otra, comenzarían a convertirlos en hombres veganos basados en acciones que tomaron un grupo muy pequeño de personas. Además, las acciones radicales tienden a tener premisas radicales que las personas que no se suscriben a la ideología en primer lugar y que no están dispuestas a escuchar son fácilmente pasadas por alto y, como resultado, estas acciones son mal entendidas y mal categorizadas. Una vez más, la política no tiene un lugar formal en este libro, pero este es un análisis justo y equitativo de cómo y por qué un grupo específico de la sociedad podría tener un argumento de paja contra ellos.

Digamos que Jeremy es un hombre mayor que tiene problemas de corazón. Tal vez, él está en las primeras etapas de la enfermedad cardíaca o algo similar. En la búsqueda de reducir masivamente el colesterol en su dieta, su médico lo pone en una dieta basada en plantas, ya que el colesterol se encuentra principalmente en los productos cárnicos. Elimina toda la carne y los productos lácteos por recomendación de su médico.

Jeremy le dice a su mejor amigo, Ron, que ahora es vegano cuando salen a cenar juntos. A Ron no le gustan los veganos porque el novio de su hija es vegano y piensa que el novio de su hija es insoportable. Ron comienza una discusión con Jeremy y lo acusa de pensar que los animales valen más que las personas y levanta varios puntos de vista políticos de Jeremy que parecen incompatibles con la idea de que Jeremy es un activista de los derechos de los animales.

Sin embargo, el hecho de que Jeremy sea vegano no significa necesariamente que sea un activista de los derechos de los animales. Esta suposición de que él es uno es un hombre de paja en sí mismo. Ron no está discutiendo ninguna posición que Jeremy haya tomado, sino una posición que él asume que Jeremy tomaría, que no es una posición muy favorecedora en relación con un argumento.

## Francotirador de Texas

¿Alguna vez escuchó a alguien tratar de explicar un conjunto determinado de datos o algún fenómeno, pero luego tergiversarlo masivamente? Esto se conoce como la falacia del Francotirador de Texas.

Una explicación de la broma de la que proviene el nombre podría aclararlo:

Un vaquero en su rancho en Texas nunca ha disparado un arma. Un día, decide que va a salir y disparar un par de rondas. Sale a su granero y dispara por todo el lado del granero, sin ningún objetivo claro en mente. Algunos de los disparos están agrupados en un área similar. Camina hacia el área y luego pinta un objetivo alrededor del grupo de disparos. Señala el objetivo que pintó con el cúmulo de agujeros de bala en el medio y dice: "Caramba, bueno, ¿no soy un francotirador?"

La broma, por supuesto, es que él no es un tirador; es un disparo *terrible*, pero se tergiversó a sí mismo como un francotirador al pintar un objetivo sobre un grupo de agujeros de bala individuales que todos aterrizaron en el mismo lugar. Luego comenzó a distorsionar el cúmulo de agujeros de bala diciendo que era un francotirador.

Usted se sorprenderá de la frecuencia con que esto sucede. Esto se refiere en términos generales a ignorar la diferencia entre un par de cosas mientras se enfoca masivamente en las similitudes entre los puntos de datos.

Supongamos que está utilizando Netflix y están tratando de recomendarle títulos en función de sus gustos y desagrados. Una recomendación falaz sería una que asume que le gusta una serie determinada basada en un pequeño conjunto de cualidades, pero que ignora que no le gustaron muchos programas que tienen muchas cualidades en común con el programa recomendado. Esta sería una recomendación de francotiradores de Texas porque el razonamiento se basaría en un subconjunto muy pequeño de datos que evita un conjunto de datos mucho más amplio.

## Tu Quoque

Esta es otra falacia que es común en el discurso político. La falacia surge cada vez que se presenta un argumento en contra de la posición de alguien porque no han tenido esa convicción en el pasado.

Esto también se conoce como "qué pasaría si", *como en si no te gusta X cuando la persona A lo hace, ¿qué pasa cuando la persona B lo hizo?* Esto es una falacia por un puñado de razones.

La primera razón es que las opiniones y las afirmaciones de alguien pueden cambiar con el tiempo. Una perspectiva orgánica y saludable se basa en la adaptación constante en respuesta a argumentos y nuevas pruebas. Esta es la forma en que se *supone* que debe ser, y no tener las mismas opiniones que hace cinco años puede ser algo bueno. Sin embargo, no es exactamente necesario cambiar de opinión.

Por ejemplo, una opinión de que el cielo es azul nunca cambiará de manera inorgánica a menos que se enfrente a una razón muy convincente para creer lo contrario, por lo que no hay razón para creer que la habrá.

La segunda razón es que esto no ataca realmente el argumento en sí. Esto, al igual que otros ataques ad hominem, sirve principalmente para debilitar la posición argumentativa de la persona contra la que se está argumentando, pero en realidad no sirve para ningún propósito real al deconstruir su argumento o su posición.

Recuerde, solo puede presentar un argumento válido contra el argumento de otra persona. Independientemente de su pasado o de su carácter, su argumento solo vale la pena en comparación con su argumento. Como resultado, no puede perderse en la idea de intentar desestabilizarlos. Solo funcionará contra el tembloroso de los que discuten. No tenga miedo de llamarlo cuando le hagan lo mismo;

usted está bien dentro de sus derechos para denunciar falacias lógicas y mantener el debate en marcha.

**Argumentos Diversos**

**Pendiente Resbaladiza**

La falacia de la pendiente resbaladiza se basa en la idea de que si algo pequeño sucede, entonces causará que ocurran un montón de cosas relacionadas pequeñas e incrementales; lo que eventualmente conducirá a la transmisión de algún evento que se considera negativo, independientemente de si realmente es negativo o no, e independientemente de si el evento negativo realmente se nombra.

En la postura de una falacia de pendiente resbaladiza, algunos pueden simplemente poner el primer evento y los pequeños eventos subsiguientes que podrían suceder, mientras que otros omitirán los eventos secundarios y otros simplemente darán el primer evento y el último evento.

Un ejemplo de una falacia de pendiente resbaladiza es una reunión de la PTA celebrada en apoyo a los niños con discapacidades de aprendizaje que pueden traer animales a la escuela. Luego, alguien se pone de pie y dice que, si se permiten animales para personas con discapacidades de aprendizaje, a todos los estudiantes se les debe permitir traer mascotas. Sin embargo, esto finalmente será destructivo para un ambiente de aprendizaje.

Esto es, por supuesto, erróneo porque no hay obligación de permitir que los niños, en general, traigan animales a la escuela; los niños con discapacidades de aprendizaje probablemente solo tendrían permiso para hacerlo porque los animales les proporcionarían algún tipo de beneficio. Los perros, por ejemplo, han demostrado anecdóticamente que ayudan a calmar a los niños con autismo grave. La idea es que, si permite que un grupo de personas haga algo, eventualmente tendrá que permitir que todas las personas hagan lo mismo sin examinar el contexto de la acción inicial, que es una pendiente resbaladiza, ya que los niños con discapacidades de aprendizaje no traerían perros a la escuela solo por diversión.

**Verdad Vacía**

Una verdad vacía es cuando algo es verdadero, pero, en última instancia, no tiene sentido.

Por ejemplo, si alguien dijera que todos en la sala de estar usan una camisa gris y no había nadie en la sala para probar esta afirmación, entonces la afirmación sería cierta por defecto porque *nadie* en la sala de estar está vistiendo una camisa gris. En última instancia, este es un experimento mental relativamente divertido y no se presentará con demasiada frecuencia fuera del uso discreto y ocasional como herramienta retórica.

Hemos abarcado la gran mayoría de las falacias lógicas que está obligado a encontrar. Bien hecho por sobresalir y descubrir este tema increíblemente multifacético.

# Capítulo 4

Ahora que hemos aprendido acerca de algunas de las falacias lógicas comunes, es hora de aprender cómo evitarlas en su propio pensamiento, así como cómo contrarrestarlas en el pensamiento de los demás. Hasta ahora, este libro ha cubierto las dos grandes categorías de argumentos falaces: formal e informal. El tipo formal cubre cualquier argumento que se derive erróneamente de preposiciones que no siguen. Otros términos para este tipo de falacias son "argumentos inválidos" o no secuenciales. En contraste, las falacias informales son argumentos que son lógicamente sólidos pero que tienen un razonamiento erróneo o que tienen un propósito diferente.

Pero antes de repasar cómo contrarrestar el pensamiento falaz, se debe mencionar que diferentes personas usan argumentos falaces para diferentes fines. Un político puede usarlos para cumplir una meta política, por ejemplo. Un régimen opresivo puede usarlos para promover su máquina de propaganda. Una persona irrazonable puede usar argumentos falaces simplemente por ser irrazonables. Incluso cuando se enfrentan a argumentos en contra o pruebas probatorias, la persona irrazonable continuará discutiendo. En ese punto, lo único bueno que uno puede hacer es alejarse. La gente, en general, se esfuerza por ser razonable. Sin embargo, si algo personal está en juego, la razonabilidad puede romperse.

El objetivo de este libro es fomentar el pensamiento crítico cuando se trata de evaluar argumentos y, en última instancia, aumentar el pensamiento racional. Este capítulo examinará críticamente algunas de las falacias mencionadas en el anterior.

## Por Qué las Falacias son Persuasivas

Los fallos están diseñados para ser convincentes, al igual que los buenos argumentos, pero los argumentos falaces no son buenos argumentos. Para que un argumento sea verdaderamente convincente, tiene que ir más allá de las premisas verdaderas y una conclusión verdadera. Debe ser comprensible, ya que no importa cuán buenas sean sus premisas, el argumento no es convincente si las personas no comprenden el vínculo entre la premisa y la conclusión. Además, un argumento convincente es el que resuena cuando las personas que están encima de él son el sonido. Esto es principalmente lo que hace un argumento legítimo: construye la creencia teniendo premisas sólidas que son imposibles de rechazar. Un argumento ilegítimo o un argumento falaz es creíble porque la audiencia ha sido manipulada para pensar así. Estos argumentos a menudo tienen premisas débiles que desvían la atención hacia algo que es más probable que la audiencia acepte.

## Evitando las Falacias Formales

Un argumento posee dos componentes: la reclamación o lista de reclamaciones (también llamadas proposiciones) y la conclusión. Para que un argumento sea válido, debe tener una conclusión que se siga lógicamente de la reclamación. Una comprensión de la lógica juega un papel importante en la formulación de argumentos válidos. Además, cada argumento debe seguir una forma lógica. En el campo de la lógica proposicional, estas formas se denominan "reglas de inferencia". Cada variable dentro de una regla de inferencia tiene un valor de verdad (verdadero o falso). Cada conclusión también tiene un valor de verdad que necesariamente se deriva de los valores de verdad de cada variable.

Las falacias que se derivan de las reglas de inferencia se denominan falacias proposicionales.

## Afirmando lo Consecuente

Recuerde que al afirmar lo consecuente, se hace la afirmación inferencial de que si Q entonces P. Esto es lo contrario de la regla inferencial llamada modus ponens en la forma de P entonces Q.

Modus Ponens                  Afirmando lo Consecuente

   (1) Si P entonces Q          (1) Si P entonces Q

   (2) P                            (2) Q

Entonces Q                      Entonces P

De acuerdo con el modus ponens, se puede hacer una afirmación inferencial sobre dos premisas si el antecedente implica el consecuente, pero no existe tal regla que diga que el consecuente implica el antecedente. Por ejemplo:

Modus Ponens                  Afirmando lo Consecuente

   (1) Si es un gato, entonces tiene cuatro patas y bigotes       (1) Si es un gato, entonces tiene cuatro patas y bigotes.

   (2) Es un gato.                   (2) Tiene cuatro patas y bigotes.

Por lo tanto, tiene cuatro patas y bigotes.

Por lo tanto, es un gato.

Algunos animales pueden tener cuatro patas y bigotes, pero no tienen que ser un gato. Probablemente pueda pensar en muchos de estos animales sin demasiado esfuerzo. El principal problema con la afirmación del consecuente es que condiciona si las declaraciones no funcionan al revés, y eso es simplemente una regla de lógica.

### Cómo Evitar y Refutar

Reconozca la estructura subyacente de su argumento. Si un condicional implica algo más, probablemente esté usando modus ponens. Sin embargo, si está haciendo la misma afirmación, pero a la inversa, puede estar afirmando el consecuente. Una buena manera de evitar afirmar el consecuente es simplemente reorganizar las afirmaciones:

(1) Si salimos, pasaremos un buen rato.

(2) Salimos.

Por lo tanto, pasamos un buen rato.

(1) Si salimos, pasaremos un buen rato.

(2) Pasamos un buen rato.

Por lo tanto, salimos.

Notará rápidamente que (2) es incorrecto en una de las versiones de la afirmación. Sí, pasamos un buen rato, pero tal vez vimos una película en casa o jugamos videojuegos. Este es un punto de conflicto para contrarrestar este tipo de lógica errónea. Simplemente complete el espacio en blanco con una explicación plausible de por qué sucedió algo. Demostrar que el argumento es incorrecto.

A veces, el lenguaje hace que resulte difícil adivinar cuál es la estructura subyacente. Si dice: "Si pasamos un buen rato, es porque salimos" o "Pasamos un buen rato porque salimos", se hace la misma afirmación inferencial que en (1).

## Afirmando una Disyunción

La afirmación de un disyuntivo ocurre cuando se asigna un valor de verdad que no debe estar en una declaración disyuntiva. La confusión puede surgir de no reconocer la diferencia entre una disyunción, un silogismo disyuntivo y afirmar una disyunción. Una disyunción es cualquier declaración que tiene una o entre clases.

| Disyunción | Silogismo Disyuntivo | Afirmando una Disyunción |
|---|---|---|
| (1) P o Q | (1) P o Q | (1) P o Q |
|  | (2) No Q | (2) Q (P) |
|  | Por lo tanto P | Por lo tanto, no P (Q) |

Un silogismo disyuntivo es una regla de inferencia que es mutuamente excluyente o, mientras que una disyunción no lo es, es decir, el silogismo disyuntivo supone que solo una cláusula en la disyunción puede ser verdadera. Una disyunción por sí misma no es mutuamente excluyente. Si dice "está lloviendo" o "hace sol afuera", por ejemplo, entonces, aunque esté lloviendo, la afirmación sigue siendo cierta. Esto es evidente si escribe la tabla de verdad para una disyunción. También tenga en cuenta que, si ambas afirmaciones son verdaderas, la disyunción sigue siendo verdadera. Solo es falso cuando ambas afirmaciones son falsas. "Si nunca ha visto la lluvia y el sol al mismo tiempo, intente visitar Arizona". Para ilustrar con más detalle:

| P | Q | P o Q | Está lloviendo | Está soleado | Está lloviendo o soleado |
|---|---|---|---|---|---|
| T | T | T | Lloviendo | Soleado | Verdadero; Ambos ocurren |
| T | F | T | Lloviendo | Sin sol | Verdadero; Lloviendo |
| F | T | T | Sin lluvia | Soleado | Verdadero; Soleado |
| F | F | F | Sin lluvia | Sin sol | Falso; Ninguno (nublado sin lluvia) |

La falacia, entonces, es asumir una disyunción que es realmente un silogismo disyuntivo cuando no tiene ninguna razón para creer que lo sea.

### Cómo Evitar y Refutar

Al simplemente darse cuenta de que una declaración es mutuamente excluyente o no es realmente la clave para evitar afirmar una disyunción. Una palabra clave a tener en cuenta es "cualquiera", como en "las luces de la policía en los Estados Unidos son de color ámbar o azul". Esto puede suponer que se excluyen mutuamente o (si una luz es ámbar, la otra es azul), pero es muy diferente de decir: "Su bebida es Coca-Cola o Pepsi". En ese caso, la afirmación sigue siendo válida si la bebida es Coca-Cola (o Pepsi). La afirmación se vuelve falsa solo si la bebida no es ninguna.

Por supuesto, aún debe prestar atención al valor verdadero de las premisas individuales. El ejemplo dado en el capítulo 2 fue:

Una jirafa está en el zoológico, o una jirafa está en la naturaleza.

Una jirafa está en el zoológico.

Por lo tanto, no hay una jirafa en la naturaleza.

Usando el pensamiento racional, sabemos que una de las premisas es incorrecta desde el principio. Existen muchas jirafas en el mundo (a partir de la escritura), por lo que la premisa es absurda. En ese caso, identificar la falacia es más fácil porque sabemos con un sentido intuitivo que algo está mal.

Para contrarrestarlo, debe probar que el argumento no se excluye mutuamente. La forma más fácil de lograrlo es buscar la palabra "cualquiera". Si no hay "ninguno", entonces la declaración no debe ser exclusiva. Otra forma es leer lo que dice la declaración. Si los dos conjuntos pueden coexistir como en el ejemplo de la lluvia, entonces no es exclusivo.

## Negando el Antecedente

Similar a afirmar el consecuente, negar el antecedente es también el inverso de una regla de inferencia. En este caso, es el inverso de modus tollens (negando el consecuente):

Modus Tollens

    (1) Si P entonces Q

    (2) No Q

  Por lo tanto, no P

Negando el Antecedente

    (1) Si P entonces Q

    (2) No P

  Por lo tanto, no Q

Modus Tollens afirma que una cadena inferencial puede romperse negando el consecuente (Q). Si no hay consecuente, no hay base para el antecedente (P):

Modus Tollens

    (1) Si está diluviando, entonces está lloviendo.

    (2) No está lloviendo.

    (3) Por lo tanto, no está diluviando.

Negando el Antecedente

    (1) Si está diluviando, entonces está lloviendo.

    (2) No está diluviando.

    (3) Por lo tanto, no está lloviendo.

Claramente negar el antecedente es formalmente incorrecto. En el ejemplo anterior, no puede diluviar, pero la lluvia puede lloviznar. Es falso que, si no está diluviando, no está lloviendo. No se puede hacer ninguna afirmación inferencial sobre la lluvia simplemente porque no está diluviando.

### Cómo Evitar y Refutar

Recuerde que una cadena inferencial comienza cuando usa la palabra "si" o si su argumento toma la forma de "P implica Q". Además, recuerde que una afirmación inferencial no tiene dos sentidos. Si P implica Q, entonces Q no implica P. La negación de P, por lo tanto, es absurda si está tratando de inferir algo acerca de Q.

Otra forma sencilla de ver esto es nunca decir "no P" si el argumento se basa en que Q es verdadero. Es muy fácil de contrarrestar porque la lógica deja un espacio abierto. Si un argumento niega el antecedente, todo lo que necesita hacer es probar que Q no puede ser negado.

## Apelación a la Probabilidad

Las tres falacias anteriores eran de naturaleza preposicional. Ahora nos enfocaremos en las falacias formales (aquellas que no siguen) que no tienen una regla de inferencia subyacente para eliminar.

El recurso a la probabilidad es fácil de entender porque su lógica se encuentra a menudo en un lenguaje común. A veces se puede utilizar para un efecto cómico tanto en los medios de comunicación como en la vida cotidiana. Por ejemplo, si algo puede ir mal, lo hará. Esto es evidentemente falso, pero todavía lo decimos. Que algo pueda ocurrir no significa que sea cierto, sino todo lo contrario en la realidad.

Aquellos que estén familiarizados con la filosofía estoica harán la conexión entre apelar a la probabilidad y la forma estoica. Los estoicos dicen que actúan como si el peor de los casos siempre ocurriera. De esa manera, si ocurre algo catastrófico, estará mentalmente preparado o incluso esperándolo. Como mecanismo de afrontamiento, el estoicismo puede hacer maravillas. Sin embargo, está fundamentalmente construido sobre una falacia lógica. Teniendo en cuenta esto, es menos una apelación a la lógica que a la emoción (principalmente el miedo). Más adelante, en este capítulo, discutiremos cómo se puede confundir apelación con emoción con apelación a lógica con falacias informales.

La razón por la cual apelar a la probabilidad se considera formal es que la conclusión no se sigue de la premisa. Por ejemplo:

(1) Conducir bajo la influencia del alcohol causa accidentes fatales.

Por lo tanto, si conduzco después de beber alcohol, causaré un accidente fatal.

No tolerar la conducción en estado de ebriedad, pero la apelación a la probabilidad anterior es que cualquier conducción después de beber alcohol puede provocar accidentes fatales. Si bien es probable que ocurra un accidente, no significa que será fatal, ni tampoco que ocurra un accidente. Sin embargo, es un buen eslogan para evitar conducir ebrio. Considere un recurso lógico a la siguiente probabilidad:

(1) Todo número divisible entre 2 es par.
(2) El número 10 es divisible entre 2.

Por lo tanto, el número 10 es par.

Observe cómo existe una clara cadena inferencial desde la premisa uno hasta la premisa dos y luego a la conclusión.

### Cómo Evitar y Refutar

Debe asegurarse de que cualquier argumento que realice tenga una clara cadena inferencial. Las apelaciones a la probabilidad son fáciles de detectar porque a menudo se tratan de manera absoluta. Si se encuentra pensando en términos absolutos, dé un paso atrás y vuelva a evaluar su pensamiento. Puede adoptar un sesgo estoico incluso si nunca antes ha escuchado sobre estoicismo porque es una forma natural de pensar en términos de aversión al riesgo. Que algo nunca suceda o siempre sucederá es un ejemplo de mal juicio.

Para contrarrestar la falacia, señale evidencia que diga que el absoluto es defectuoso. Todo lo que se necesita es un ejemplo de una persona que condujo bajo la influencia del alcohol y no causó daños.

## Apelación a la Falacia

Responder a un argumento falaz con otro argumento falaz sigue siendo falaz. Estos tipos de apelaciones no se implementan porque la falacia no cuestiona el argumento. Observar la forma del argumento subyacente revela una estructura familiar:

(1) Si P, entonces Q.
(2) P es un argumento falaz.

Por lo tanto, Q es falso.

La forma del argumento es esencialmente negar el antecedente. Pero como ya hemos visto, un antecedente falso todavía puede tener un consecuente que es cierto. Por lo tanto, incluso un argumento falaz puede tener una conclusión correcta. Simplemente decir que el argumento es falso es solo una extensión de negar el antecedente, y no continúa. Además, tenga en cuenta que la mayoría de los argumentos en la vida real no se basan en una sola cadena inferencial, sino que pueden estar compuestos de muchos. En ese caso, incluso si existe una falacia, la conclusión aún puede probarse en algún lugar a lo largo de la cadena.

### Cómo Evitar y Refutar

En lugar de atacar la falacia, atacar el argumento. Por ejemplo:

(1) Todos los planetas son cuerpos celestes.
(2) Plutón es un cuerpo celeste.

Por lo tanto, Plutón es un planeta.

Aquí el argumento está en la forma de afirmar el consecuente. Aunque no existe ninguna afirmación, (1) sigue implicando que todos los planetas son cuerpos celestes. Una redacción diferente puede ser: "Si un objeto en el espacio exterior se denomina como planeta, entonces es un cuerpo celeste". Pero nuevamente, el argumento está utilizando una falacia para llegar a la conclusión.

Este ejemplo es interesante porque suena convincente a primera vista. Alguien que no esté familiarizado con la falacia-falacia seguramente no notará que haya algo malo en absoluto. Plutón puede ser un planeta, pero el argumento anterior no prueba que lo sea. La manera falaz de atacar este argumento es decir: "Dado que el argumento afirma lo consecuente, no procede y, por lo tanto, no puede ser cierto". Esta afirmación en sí misma es falsa. El enfoque correcto es atacar la afirmación de que Plutón es un planeta. Tal vez Plutón no pasa una prueba de clasificación por ser un planeta, y realmente es solo una gran roca. En ese caso, el argumento es falso, pero la falacia no tiene relación con su falsedad.

Ataque lo que dice el argumento, y no parecerá tonto (incluso si está tentado a señalar la falacia).

## Evitando Falacias Informales

A diferencia de las falacias formales, el tipo informal no tiene un control confiable de la solidez, es decir, todos estos son argumentos bien formados que tienen una cadena inferencial que sigue lógicamente. La mayoría de las veces que piensa en falacias, probablemente piense en estos tipos: argumentos que tienen sentido pero que aún son fundamentalmente erróneos. Si bien estos tipos de falacias son más difíciles de detectar, son los más generalizados en el discurso de hoy en día. Aparecen en comerciales, medios de comunicación y en argumentos cotidianos. Esta es realmente la carne y las papas cuando se trata de falacias.

Como se mencionó anteriormente, las falacias son persuasivas. Ahí radica la dificultad de luchar contra ellos. Sin embargo, una mente clara, armada con las metodologías discutidas en este capítulo, puede encontrarlas donde sea que aparezcan. Pero, así como usted tiene un conjunto de herramientas contra las falacias, aquellos que las emplean regularmente tienen las propias.

Existen tres métodos principales que hacen que las falacias funcionen: distracción, parecido y emoción. Existirá alguna superposición dependiendo del argumento que se haga, pero estos son los tres métodos principales que se analizan en las siguientes páginas.

## Falacias de Distracción

El tipo de distracción son argumentos que distraen a la audiencia del tema principal. Es posible influir en el cálculo lógico que da como resultado un argumento defectuoso que es coherente, pero sigue siendo incorrecto.

## Falso Dilema

El falso dilema es el rey de la distracción. Un comentarista forzará a su audiencia a ver una representación miope de lo que es posible, generalmente reduciéndolo a dos resultados. Por ejemplo:

(1) O estás con nosotros, o (2) estás con los terroristas.

Puede reconocer esta declaración como un silogismo disyuntivo: una declaración simple o con dos variables y un lanzamiento de "cualquiera de las dos". El punto aquí es que, si bien no existe nada formalmente incorrecto con el argumento, todavía no tiene sentido. Obviamente, una persona no tiene que elegir entre terroristas e inclusión con otra cosa. No hay "equipo terrorista" y "equipo de nosotros" en el sentido objetivo. Sin embargo, esto sigue siendo una declaración de gran alcance. Transmite un sentido de unidad (aunque es falso).

### Cómo Evitar y Refutar

Comprenda que cada vez que un orador utiliza una opción binaria como la anterior, es muy probable que esté creando un falso dilema. Muy rara vez se completará un problema polarizado, a menos que sea un hecho trivial como, "Un número es par o impar". Evite usar opciones binarias a menos que esté seguro de que solo hay dos opciones.

Nunca responda a un falso dilema. Encuentre una manera de desviar la pregunta o de negarse a responder porque la pregunta no tiene sentido. Demuestre cómo el dilema es falso: ¿es un silogismo disyuntivo o solo una disyunción? Si es en forma de silogismo, puede mostrar cómo la lógica de cualquiera de los dos es incorrecta.

## Pendiente resbaladiza

Es fácil desviar la atención del tema en cuestión haciendo una catástrofe de algo que es menos serio. El desvío funciona al complacer a una falsa escalada de eventos. Si hacemos esto, entonces ocurrirá lo otro, lo que, a su vez, causará otra cosa, etc. Un experto puede hacer que la pendiente resbaladiza parezca completamente razonable, cuando en realidad el argumento es débil. El tipo de lógica empleada en la escalada de eventos es esencialmente una de probabilidad. Es decir, si parece probable que las cosas se intensifiquen, entonces lo harán. Al mismo tiempo, si la audiencia tiene movimientos preconcebidos, este argumento funciona mejor. Por ejemplo:

> (1) Si permitimos que los invitados traigan más personas a la fiesta, pronto tendremos que invitar a todo el vecindario.

Este argumento toma la forma general de:

> (1) Si P entonces Q; si Q entonces R; si R entonces... Z.

La acusación es que el caso base o el evento P provoca una reacción en cadena que conduce a algo negativo o indeseable. Sin embargo, el caso base no es necesariamente lo que no es deseable en el primer caso.

### Cómo Evitar y Refutar

Las pendientes resbaladizas son fácilmente evitables si nunca escala la hipótesis base. Esto resulta complicado en ocasiones porque existe un argumento legítimo de pendiente resbaladiza. Esto ocurre cuando cada cadena sucesiva tiene un resultado probable más fuerte que el anterior. Por ejemplo:

> Si no limita el tiempo que pasa jugando a videojuegos, no tendrá suficiente tiempo para estudiar. Si no tiene suficiente tiempo para estudiar, le irá mal en el examen.

En contraste, este es el ejemplo anterior en el que la hipótesis base es la única cadena (aunque más invitados están implicados por los diferentes invitados que invitan a las personas, son lo mismo). Este es un mal argumento porque no está claro cómo la hipótesis base resulta en invitar a todo el vecindario.

La fuerza de este argumento es la defensa de la plausibilidad del caso base de si P entonces Q. Si puede atacar la hipótesis base diciendo que la escalada nunca comienza, entonces puede contrarrestar el argumento. Alternativamente, al demostrar que la cadena casual es débil en algún lugar, puede derribar todo el asunto. Por ejemplo, permitir a los invitados invitar a una o dos personas más como límite. Además, no hay razón para creer que las personas del vecindario conozcan a nuestros invitados (por lo tanto, no pueden ser invitados).

## Hombre de paja

Un ataque de hombre de paja bien diseñado puede ser muy convincente. El atacante desvía la atención del problema principal hacia otra cosa que, si bien está relacionada, es completamente engañosa. Esta otra cosa se convierte en un sustituto u hombre de paja para el argumento real, y si la atención no se puede revertir, entonces el argumento puede ir cuesta abajo rápidamente, ya que cualquiera de las partes obtiene puntos de hombre de paja adicionales.

Usualmente, estos argumentos toman la forma de:

(1) La parte 1 hace la proposición X.
(2) La parte 2 argumenta en contra de X al elevar una Y relacionada.

La lógica del hombre de paja no solo desvía la atención, sino que también ataca a la otra parte (pero no siempre) de alguna manera. Por ejemplo:

(1) Necesitamos invertir más en autos eléctricos.
(2) Entonces, ¿apoya la destrucción de miles de empleos en la industria petrolera?

Si bien los automóviles eléctricos están relacionados de alguna manera con una menor dependencia del petróleo, no significa que el primer orador apoye la destrucción de puestos de trabajo. Sin embargo, el segundo orador puede hacerlo parecer, lo que implica que una mayor inversión en automóviles eléctricos es sinónimo de la destrucción de la industria petrolera. En verdad, tener más automóviles eléctricos en la carretera no significa necesariamente que se elimine la industria petrolera.

### Cómo Evitar y Refutar

Puede sentirse tentado a presentar un argumento similar si se siente seguro en relación con un tema, o si cree que existe una relación causal donde no existe. Incluso si sospecha que hay una conexión, no significa que la otra persona lo haga o que esté tratando de implicar eso en su argumento. Concéntrese en lo que dice su argumento e intente no poner palabras en la boca de la otra persona.

El simple hecho de señalar que un oponente está usando un hombre de paja es una buena base para un contraataque. Si detecta un hombre de paja, no lo deje pasar desapercibido porque eso puede tener efectos negativos en la dirección del argumento. La clave es detenerlo temprano, ya que hacerlo más tarde puede ser difícil. Nunca entretenga al hombre de la paja de otra persona y no responda con uno de los suyos. Utilice la carga de que su oponente está poniendo palabras en su boca.

## Argumento de Ignorancia

Esto, junto con el argumento de Ad-Nauseam, son ejemplos de pensamientos falaces empleados comúnmente por personas irrazonables. No son razonables porque este tipo de argumentos no dicen nada en absoluto, y solo sirven para combatir el hecho de que hay una falta de pruebas sólidas o argumentos convincentes. Este tipo de argumentos son menos convincentes, pero son frustrantes de tratar. Por ejemplo:

(1) Simplemente porque nunca hemos estado allí, no hay razón para creer que la tierra no está hueca.

La teoría de la tierra hueca fue popularizada por el relato de un explorador polar que afirmaba haber volado a través de una "apertura" en los polos. Luego fue trasladado a una tierra de abundancia donde deambulaban gigantes y mamuts lanudos.

O bien usted sabe lo suficiente sobre ciencia para disputar esta afirmación, o no lo sabe. O la ciencia moderna tiene una manera de disputar la afirmación o no la tiene. Pero solo porque la ciencia no puede explicar algo, no significa que sea verdad.

### Cómo Evitar y Refutar

El problema con el argumento es que, como profesional no capacitado, está obligado a someterse al argumento. Si usted es una persona que no entiende la física planetaria, por ejemplo, le será difícil dar un argumento en contra de por qué no puede haber gigantes y mamuts lanudos viviendo bajo la corteza terrestre. "Porque suena inventado" no es un argumento fuerte. De hecho, solo fortalece el caso de la persona irrazonable, ya que no se puede encontrar una razón convincente de por qué están equivocados.

Al comienzo del capítulo, se mencionó que existen personas irrazonables y que discutir con ellas es una tarea de tontos. La mejor manera de contrarrestar este argumento es no entretenerlo. Si ninguna de las partes tiene una razón convincente o alguna evidencia real, no hay argumento. La carga de la prueba siempre recae en la parte que presenta una reclamación, y usar este argumento para escapar de esa carga automáticamente desacredita el argumento.

### Ad Nauseum

Similar a la falacia anterior, este argumento tiene poco peso, y todo lo que hace es distraer a la audiencia del debate significativo. Usualmente empleados por una persona irrazonable, repetirán lo mismo una y otra vez hasta que alguien admita la derrota, incluso si usted da evidencia convincente.

Supongamos que existe un buen argumento para explicar por qué la Tierra no puede ser hueca (los planetas se forman como sólidos, gravedad, etc.). Hay varias formas en que la persona irrazonable puede responder. Por ejemplo, "Está equivocado porque la ciencia es falsa y fue creada por el gobierno para alimentar sus mentiras". En ese punto, el argumento nunca terminará mientras lo entretenga.

### Cómo Evitar y Refutar

Cualquier afirmación extravagante como "la ciencia está equivocada" suele ser la base para alejarse. A la inversa, si alguna vez se opone a la evidencia en contra de su reclamo, tenga cuidado de no presentar un argumento ad nauseum. La evidencia debe silenciar un reclamo defectuoso cada vez.

## Moviendo los postes

Nuevamente, esta es otra falacia que puede potencialmente usarse en un argumento irrazonable. Al igual que en Ad Nauseum, mover los postes es una táctica para pedir más evidencia incluso cuando se ha proporcionado evidencia suficiente. En algún momento, proporcionar evidencia se vuelve inviable, y la persona que presenta el argumento no recibe respuesta. En realidad, están colocando frentes para algo que debe haber sido resuelto con la primera instancia de evidencia o contrafactual.

### Cómo Evitar y Refutar

No permita que su oponente mueva un poste de portería. Si lo hacen, hay más buenas bases para alejarse. Lo bueno de este tipo de argumentos es que, si está apelando a una audiencia razonable, lo verán a través de la falacia. O si no lo hacen, lo más probable es que lo acepten como falso una vez que demuestre que lo es. La mejor manera de hacerlo es con un contra-argumento propio, generalmente con buena evidencia.

## Si Por Whisky

Sea cuidadoso al tratar con argumentos que se centran en la definición de un término. Si un comentarista intenta alterar el significado de algo, automáticamente gana la ventaja. En lugar de responder una pregunta directa, un comentarista puede cambiarla y responder esa pregunta en su lugar. Por ejemplo:

(1) Las armas de fuego deben ser prohibidas.

(2) Si por arma de fuego se refiere al arma mortal de un criminal, estoy de acuerdo. Si por arma de fuego se refiere a una herramienta de defensa doméstica, no estoy de acuerdo.

### Cómo Evitar y Refutar

Una definición de una palabra no siempre es moldeable (las palabras pueden significar más de una cosa, pero no deben ser capaces de cambiar definiciones). Por lo tanto, es importante definir sus términos, especialmente si son amplios o controvertidos.

Cualquiera que intente alterar la definición de un término claramente definido no está presentando un argumento sólido, sino que lo está evitando. Hágales enfrentar los hechos.

## Falacia Nirvana

Solo porque un comentarista puede pensar en una solución perfecta, no significa que sea la mejor. En otras palabras, simplemente tener una solución concreta es mejor que tener una solución de pastel en el cielo que puede o no ser accesible. A menudo, el argumento nirvana ni siquiera es factible, o da una mala comprensión de cómo se supone que se implementará esa solución perfecta.

Estos toman la forma general de:

(1) X es una solución propuesta para un problema.
(2) X es una solución imperfecta.

Por lo tanto, X es inadecuada.

(1) Las verificaciones de antecedentes y otra legislación sobre armas de fuego hacen que sea más difícil para los criminales conseguir armas de fuego.

(2) Si un criminal quiere un arma, será capaz de adquirirla de cualquier manera

Por lo tanto, los controles de antecedentes y la legislación sobre armas de fuego no disuadirán a los delincuentes armados.

Observe que en el ejemplo anterior solo se sugiere una solución perfecta. La persona que debate contra la legislación sobre armas de fuego no necesita invocar cuál es la solución perfecta. Solo tienen que asumir que uno existe. Aquí, dicen que la solución propuesta de la legislación sobre armas de fuego no disuadirá a los delincuentes determinados de adquirir armas o que los delincuentes ya tienen fácil acceso a ellos. Sin embargo, su argumento no proporciona ninguna evidencia de que la legislación sobre armas de fuego sea ineficaz. Un argumento más sólido puede incluir una solución alternativa, una que no está implícita.

El argumento además asume que es más fácil obtener armas ilegalmente que comprarlas en una tienda. Hacer que el proceso de compra de armas sea oneroso objetivamente hace que sea más difícil para alguien comprar un arma de fuego, ya sea criminal o no. Esta es la principal distracción empleada por este tipo de falacia.

**Cómo Evitar y Refutar**

En general, es mejor por el motivo incluir algún tipo de acción de seguimiento. El simple hecho de decir que cierta manera está mal porque existe una mejor manera no es suficiente. Si va a argumentar que algo es inadecuado, asegúrese de tener una alternativa concreta.

Una forma posible de contrarrestar un argumento de nirvana es defender lo que es inadecuado haciendo un argumento "suficientemente bueno". Tal vez las verificaciones de antecedentes no disuadan a todos los criminales de obtener armas, pero disuadirán a *algunos*. Alternativamente, restringirán el acceso a las personas que pueden convertirse en delincuentes más adelante.

## Falacia del Psicólogo

Si me sucedió, seguramente el resto del mundo ha tenido la misma experiencia. En otras palabras, la experiencia subjetiva de una persona se confunde con la experiencia objetiva de todos los demás. Esto es menos una falacia que sucede en el argumento y más una que ocurre en el pensamiento cotidiano. Pero está mal porque distrae de la realidad. Por ejemplo:

(1) Es un día tormentoso y sombrío.

(2) Los días tormentosos y sombríos me hacen sentir deprimido.

Por lo tanto, los días tormentosos y sombríos hacen que otras personas se depriman.

No solo es defectuoso pensar de esta manera, sino que también es potencialmente dañino. Asumir que otros se sienten de la misma manera conducirá a malentendidos, que son malos para el debate.

### Cómo Evitar y Refutar

A veces, durante un debate, hacemos juicios sobre la experiencia de la otra persona basada en la nuestra. No lo haga a menos que tenga una buena razón para suponer que ambos son iguales, es mejor tomar una posición neutral. Nunca asuma.

## Determinismo Retrospectivo

La falacia de los jugadores es quizás el opuesto directo del determinismo retrospectivo. Cuando alguien que es culpable de determinismo retrospectivo cree que los resultados siempre serán los mismos, un jugador cree que cuanto más se arriesgan, más probabilidades hay de que ganen el premio gordo. Ambos son incorrectos.

El determinismo retrospectivo tal vez surge de un sesgo humano impreso por una experiencia negativa. Es la incapacidad de mirar hacia adelante o pensar de manera diferente.

### Cómo Evitar y Refutar

Dado que esta falacia es común en el pensamiento de personas deprimidas o ansiosas, puede ser difícil para esas personas superarlas. Lo que uno puede hacer es simplemente experimentar con diferentes condiciones y ver por sí mismos que el mismo resultado no ocurre todo el tiempo.

## Falacias de Semejanza

Lo siguiente es usar el poder de la semejanza o construir argumentos que sean lo suficientemente similares a los correctos pero que, en última instancia, sean insuficientes. Debido a que los argumentos correctos son convincentes, también lo son las falacias por el parecido, o al menos, tienen un valor nominal. Pero como verá, todos son falaces.

## Petición de Principio

Pedir la pregunta significa crear un argumento cuyas premisas reflejan la conclusión. En otras palabras, una tautología. Todo lo que reafirma la verdad se considera tautológico, por ejemplo, "llegaremos allí cuando lleguemos allí" o "porque lo dije". Lo que hace convincente a la pregunta es que el argumento parece ser normal. No siempre es fácil identificar que alguien está haciendo la petición de principio a menos que preste atención. Por ejemplo:

> (1) El océano es el elemento más grande de la Tierra porque la Tierra es mayormente azul desde el espacio exterior.

A primera vista, el argumento anterior parece totalmente válido. El océano es el elemento más grande de la Tierra, y la Tierra aparece principalmente azul desde el espacio exterior. Sin embargo, si analiza este argumento, en realidad no dice nada. Para ilustrar aún más:

(1) La Tierra es mayormente azul desde el espacio exterior.

(2) La Tierra es mayormente azul porque está cubierta de agua.

Por lo tanto, el océano es el elemento más grande de la Tierra.

El argumento petición de principio de por qué el océano es el elemento más grande de la Tierra: porque la Tierra es mayormente azul desde el espacio exterior. En palabras de orden, la petición de principio asume la respuesta.

### Cómo Evitar y Refutar

Decir que algo existe solo porque no es realmente un argumento (aunque, según la lógica, es un sonido). Por ejemplo, decir que Dios existe porque Dios es perfecto, y todo lo que es perfecto debe existir en virtud de ser perfecto es un argumento incorrecto. Sin embargo, ese ejemplo demuestra cómo todos los argumentos funcionan a partir de algunos supuestos que se conceden. En ese caso, el supuesto es que algo perfecto tiene que existir. En el ejemplo anterior, las suposiciones son que el agua es azul y que la mayor parte de la cobertura es lo mismo que ser la característica más grande de algo. Si estos supuestos no se conceden, los argumentos no funcionarán.

Sin embargo, si el argumento está planteando la pregunta, es la conclusión la que se otorga primero, no las suposiciones. Esto hace que sea imposible atacar premisas individuales.

Para contrarrestar efectivamente la petición de principio, debe atacar la conclusión en su lugar. En otras palabras, reconozca suposiciones solo si son correctas. En el ejemplo anterior, el argumento reconoció que Dios existe, y es por eso que es problemático desde el principio.

## Falsa Analogía

El argumento de la analogía es firme, pero solo cuando la analogía tiene sentido. Es porque estamos tan familiarizados con el formato de las analogías que cada vez que vemos un argumento tratando de defender la hipótesis, se asume automáticamente que es cierto. Una falsa analogía puede ser obvia, o puede requerir algún matiz.

La forma general de una analogía es la siguiente:

El argumento de la analogía es firme, pero solo cuando la analogía tiene sentido. Es porque P y Q tienen una relación común con alguna propiedad.

> (1) P posee la propiedad X. Por lo tanto, Q también debe tener esta propiedad.

Sin embargo, con una falsa analogía, aunque P y Q pueden parecen similares, se requiere la propiedad X. O en variantes más convincentes, existe una propiedad X que comparten P y Q, pero también existe una propiedad Y o Z que perjudican esta relación.

### Cómo Evitar y Refutar

Cuando un argumento tiene forma de analogía, lo primero que se puede hacer es realizar la "prueba de las naranjas a las manzanas". Sin duda, ya ha escuchado esta expresión antes, pero es un método excelente para discernir falsas analogías. Si dos cosas que se comparan entre sí son diferentes, entonces la analogía falla. La forma más rápida de determinar si una cosa es una manzana y la otra es una naranja es revisar la lista de propiedades de ambas. Si existe una diferencia significativa, entonces el argumento es probablemente una falsa analogía. Por ejemplo, las naranjas y las manzanas son frutas. ¡Pero vaya a la lista de propiedades y verá que, aun así, son muy diferentes!

Para contrarrestar una falsa analogía, simplemente encuentre una diferencia clave entre lo que se está comparando. Si existe tal diferencia clave, el argumento falla. En la teoría de conjuntos, esta diferencia también se llama la intersección. Imagine un diagrama de Venn con la lista de propiedades de cada cosa que se superponen. La intersección es el medio donde se superponen en las propiedades. Si esta intersección es más pequeña que el resto de los círculos, puede argumentar que la analogía es débil o falsa.

# Evidencia Anecdótica

Menor a una forma de argumento y mayor a un sesgo en la cognición humana, la evidencia anecdótica todavía se utiliza a menudo para hacer algunos argumentos. Usted escucha este tipo de argumentos todo el tiempo cuando se trata de tratamientos alternativos para enfermedades o en el uso de marihuana medicinal. Estos argumentos tienen una hipótesis firme cuando se combinan con números. Si suficientes personas dicen que la marihuana disminuyó su ansiedad, uno se ve obligado a creer que es verdad. La gente tiende a escuchar lo que otros tienen que decir, observe la sección de revisión en cualquier listado de Amazon.

La forma es relativamente familiar:

> (1) Alguien que conozco tomó café para combatir el cáncer en fase I.
> (2) Esa misma persona ya no tuvo cáncer después de 16 meses de tomar café.
>
> Por lo tanto, el café curó el cáncer.

Sin embargo, la evidencia anecdótica no se considera evidencia verdadera, ni por la comunidad médica ni por el tribunal. El problema de afirmar que algún tratamiento es la causa de la cura es que existen una serie de variables diferentes que pueden haber desempeñado un papel en ello. En un entorno experimental adecuado, como un ensayo médico, dichas variables se eliminan. Es por eso que, si un oncólogo afirma que un tratamiento tiene una cierta tasa de supervivencia, se acepta como verdadero. Se ha probado con un número de otros pacientes con la misma dolencia y control de otras variables, lo que resulta en un número confiable en el que las personas pueden tomar decisiones objetivas basándose en ellas.

Debido a que la evidencia anecdótica ignora estos otros factores, no pueden aceptarse como verdad. En el ejemplo anterior, el cáncer puede haber sido derrotado por el sistema inmunológico de la persona. Es decir, independientemente del tratamiento que tomaron, su cuerpo habría combatido exitosamente la enfermedad. Otra posibilidad es que el cáncer se diagnosticó incorrectamente y la enfermedad no era maligna en primer lugar.

La evidencia anecdótica puede causar daño indirecto a otras personas que siguen el consejo. Solo porque la limpieza del café parece funcionar para una persona, no hay garantía de que funcionaría para otra. Si una persona toma el consejo, se la priva instantáneamente del tratamiento que necesita.

### Cómo Evitar y Refutar

La conclusión es que la evidencia anecdótica es una generalización que pretende ser cierta. Si lo ha escuchado de otra persona, es probable que sea una evidencia anecdótica. A menos que sean una autoridad respetada, no hay razón para dar credibilidad a su argumento (aunque tenga cuidado con esto, ya que las apelaciones a la autoridad también son erróneas).

Contrarrestar estos argumentos implica establecer el caso de que no se puede confiar en la información. Un buen caso incluirá una apelación al método científico, como los ensayos clínicos y los sistemas basados en la evidencia. Discuta qué implica evidencia y cómo los testimonios anecdóticos no efectúan el corte.

## Falacias de Emoción

La emoción es quizás la herramienta más fuerte, ya que apelar a la emoción reemplaza a la razón al evaluar argumentos. La emoción es capaz de robar a una mente racional, por lo demás racional, para aceptar afirmaciones irrazonables porque uno está de acuerdo con el sentimentalismo que se evoca.

### Apelar al Miedo

Si bien el miedo es un motivador fuerte, no siempre constituye un argumento lógico. Las apelaciones al miedo, a veces llamadas apelaciones a la fuerza, están diseñadas para frustrar la razón, disfrazándola con emoción. Por ejemplo:

(2) Los inmigrantes ilegales no solo son potencialmente peligrosos, sino que también nos robarán nuestros trabajos.

(3) Si no hacemos nada para disuadir a los ilegales, cruzarán la frontera en masa.
Por lo tanto, debemos votar por la legislación anti-inmigración.

El argumento anterior admite que los inmigrantes ilegales son potencialmente peligrosos. Aunque desconfiar de los extraños es natural, no significa que sean peligrosos. Sin embargo, si una audiencia ya tiene razones para creer que lo son, es más probable que acepten la premisa. El argumento también admite que los inmigrantes ilegales están destinados a causar daños económicos, y se complacen tanto con la falacia laboral como con el temor de perder un empleo.

### Cómo Evitar y Refutar

Las apelaciones al miedo son obvias, pero se pueden enmascarar si existen nociones preconcebidas. El argumento anterior compara la inmigración ilegal con una invasión, pero no ofrece evidencia de apoyo de los patrones de migración a escala de invasión. Evite usar la emoción para compensar la falta de evidencia en sus argumentos.

Contrarrestar la apelación al miedo consiste en ver a través de él. En primer lugar, busque evidencia de apoyo de cualquier argumento. Si no hay ninguno y, en cambio, hay un lenguaje que amenaza o insinúa daño, sabe que el argumento no tiene un respaldo lógico. Desde esa posición, puede atacar las instalaciones. (¿Los inmigrantes son más peligrosos que la población doméstica? ¿Los inmigrantes aceptan empleos de otros? ¿Han aumentado los casos de cruce ilegal en ausencia de leyes de inmigración?)

Esté preparado para los contraargumentos. A veces, las apelaciones a la emoción tienen un respaldo lógico: solo usan la emoción para un golpe adicional.

### Apelación a la Autoridad

En ocasiones, un argumento puede tomar ventaja tanto de las apelaciones emocionales como del parecido. Apelar a la autoridad es uno de esos argumentos: emocional porque las figuras de autoridad son admiradas y parecidas porque existen buenas hipótesis para escuchar a las figuras de autoridad.

Considere el siguiente anuncio:

Considere el antiguo anuncio de filtro de cigarrillos mencionado. El recurso a la autoridad aquí es una figura de limpieza y salud. Sin embargo, en otras versiones del argumento, puede ser una celebridad, un político o una autoridad moral. Tenga en cuenta que el anuncio no identifica al dentista en absoluto, simplemente establece que el hombre es un dentista. Este argumento en particular es débil, pero puede ser potente si hay una persona real que respalde las afirmaciones.

Nuevamente, la lógica de las afirmaciones se reemplaza por una recomendación de un profesional de la salud. Y mientras que los filtros de cigarrillos pueden ser mejores para sus dientes, hay otros factores que deben considerarse, como la presencia de alquitrán y las preocupaciones de salud general de fumar regularmente.

### Cómo Evitar y Refutar

Las apelaciones a la autoridad no son todas malas. Considere un respaldo de celebridades para la concienciación sobre el VIH / SIDA. Al atraer atención, educación y pruebas de ETS, el llamado sigue adelante. Sin embargo, solo porque haya una cabecera, no significa que el argumento sea sólido.

Busque los títulos, nombres u otros reconocimientos al evaluar un argumento. Busque una divergencia en el endoso y el área de especialización. Una celebridad no es apta para brindar consejos médicos a menos que tenga experiencia en ese campo.

Esto suele ser una oposición adecuada. "¿Por qué la celebridad X respalda la idea Y cuando no son expertos?" Si rompe la línea de credibilidad, el argumento falla. Esto no siempre es fácil, ya que algunas figuras de autoridad pueden ser respetadas y los ataques pueden confundirse con la siguiente falacia. Si rompe la línea de la lógica, el argumento también falla. "¿A quién le importa si los dentistas aprueban los filtros de cigarrillos? No están sanos".

# Conclusión

Gracias por llegar al final de *Falacias Lógicas*. Esperamos que este libro haya sido informativo y le proporcionara todas las herramientas que necesita para lograr sus objetivos.

El siguiente paso es comenzar a aplicar lo que ha aprendido. Ahora debe tener una idea sólida de qué son las falacias lógicas, cómo funcionan y por qué son importantes. Al construir una sólida comprensión de las falacias lógicas, le permite discutir contra cualquiera y mantenerse lógicamente consistente durante todo el proceso.

La desafortunada verdad es que todos discuten; la verdad afortunada es que, aunque todo el mundo discute, muchas personas no tienen una comprensión sólida de las falacias lógicas como un concepto innato. Esto significa que ahora posee una ventaja en la competencia cuando realmente puede identificar y eliminar estas falacias lógicas en los argumentos de otras personas. También posee una idea más adecuada de lo que no debe hacer en sus propios argumentos.

En otras palabras, ha dado los primeros pasos extremadamente importantes para hacer que sus argumentos sean completamente a prueba de balas. ¿Qué tan bueno es eso?

## Descubra más libros de Scott Lovell

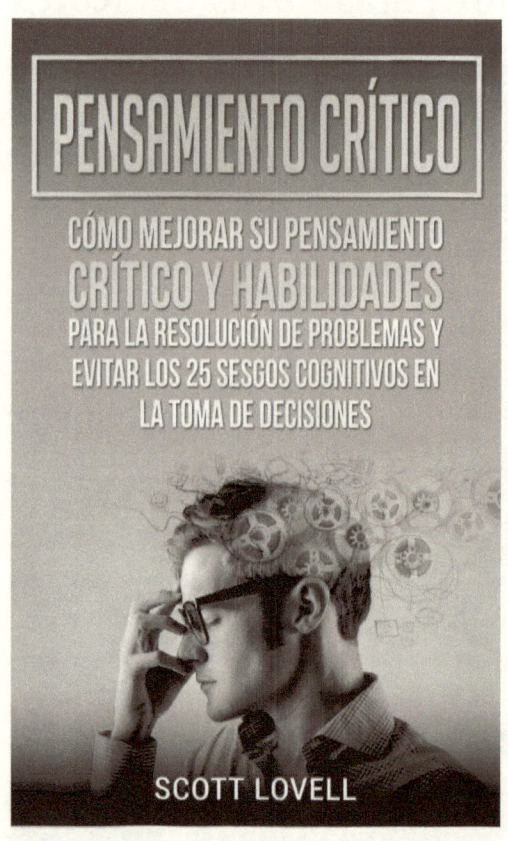

www.ingramcontent.com/pod-product-compliance
Lightning Source LLC
Chambersburg PA
CBHW020126130526
44591CB00032B/548